EM DEFESA DE
JESUS CRISTO

FERNANDO JORGE

EM DEFESA DE
JESUS CRISTO

As grandes mentiras sobre Jesus na opera rock *Jesus Cristo superstar* e no livro *O Código Da Vinci*, de Dan Brown

Copyright © 2021 by Fernando Jorge

Grafia atualizada segundo o Acordo Ortográfico da Língua Portuguesa de 1990, que entrou em vigor no Brasil em 2009

EDITOR E PUBLISHER Luiz Fernando Emediato
DIRETORA EDITORIAL Fernanda Emediato
PRODUÇÃO EDITORIAL Desenho Editorial
REVISÃO Gabriel Kwak

Dados internacionais de catalogação na Publicação (CIP)
(Câmara Brasileira do Livro, SP, Brasil)

J82d
Jorge, Fernando

Em defesa de Jesus Cristo: as grandes mentiras sobre Jesus na Opera Rock Jesus Cristo Superstar e no livro O Código da Vinci / Fernando Jorge. - São Paulo : Geração Editorial, 2021. 176 p. : il. : 14cmx 21cm. Inclui índice.

ISBN: 978-65-5647-056-6

1. Critica literária. 2. Memórias bibliográficas. 3. Jesus Cristo. 3. Mentiras. 3. Opera Rock Jesus Cristo Superstar. 4. O Código da Vinci. I. Título.

2021-4301   CDD 809
             CDU 82.09

Elaborado por Vagner Rodolfo da Silva - CRB-8/9410

Índice para catálogo sistemático:
Critica literária 809
Critica literária 82.09

GERAÇÃO EDITORIAL
Rua João Pereira, 81 – Lapa
CEP: 05074-070 – São Paulo – SP
Telefax : (+55 11) 3256-4444
E-mail: geracaoeditorial@geracaoeditorial.com.br
www.geracaoeditorial.com.br
Impresso no Brasil
Printed in Brazil

*Para a Santa Dulce,
alma de luz iluminada
pelo seu amor a Jesus,
pedindo que ilumine
também a minha alma.*

SUMÁRIO

Condenei, como jurado de televisão,
a opera rock *Jesus Cristo superstar* 9

Cidinha Campos, e não eu, caiu na
armadilha que ela montou para
me derrubar. 79

Jesus, no ano de 2014, continuou
a ser difamado na opera rock
Jesus Cristo superstar 89

Antes de criticar a Marta, por causa
da opera rock, eu a deixei muito sem
jeito num programa de televisão 95

As mentiras fedorentas do
livro *O Código Da Vinci* 103

Cinco provas históricas da passagem
de Jesus por este mundo 117

Os ateus me provam a
existência de Deus 131

Reafirmo: é a tese deste livro. 137

Obrigado, jornal O *Estado de S. Paulo*,
muito obrigado! 149

Estes não viveram, amigo leitor . . . 155

Palavras finais, a fim de bem
informar o leitor 161

Índice onomástico 165

Condenei, como jurado de televisão, a opera rock *Jesus Cristo superstar*

Fui jurado em 1971, como já informei, do programa *Flávio Especial*, da TV Tupi de São Paulo, apresentado às terças-feiras em horário nobre por Flávio Cavalcanti. Um dia o comunicador me convidou:

— Você dá ibope, quero levá-lo para o meu programa dos domingos na TV Tupi do Rio de Janeiro.

Aceitei. Eu viajava de avião todos os sábados para o Rio, ficando hospedado num hotel de Copacabana. Tudo pago pelo programa e o cachê era ótimo.

Continuei a ser um jurado polêmico, devido à minha rude franqueza. Sempre sincero, insisti em criticar, no programa transmitido para todo o país pela Empresa Brasileira de

Telecomunicações (Embratel), o rock musical *Jesus Cristo superstar*, de Andrew Lloyd Weber, com letras de Tim Rice.

Metia o pau na peça, de forma violenta, e essa minha revolta foi assim comentada por Ari Torres na edição paulista do jornal *Última Hora*, de 12 de maio de 1972:

"O último programa dominical de Flávio Cavalcanti mais uma vez provou que tão prejudicial é o jurado grosso ou incompetente como o jurado inteligente, mas fanático e demagógico, incapaz de escutar em silêncio o que estão dizendo, para só depois retorquir, se for esse o caso. O elemento que estou incluindo na hipótese final (inteligente, fanático e demagógico) é Fernando Jorge. Incapaz de autocontrole, perturbou de novo o que se disse sobre a peça *Jesus Cristo superstar*, cujo quadro inicial Flávio em boa hora incluiu em seu programa."

Defendo-me agora. Nunca fui fanático, pois o fanatismo, para mim, é irmão gêmeo da loucura. E também nunca agi como demagogo, como um revolucionário excitador das paixões populares. Os neutros, os ambí-

Andrew Lloyd Webber e Tim Rice,
Nova York, 1970

guos, os que não se definem, os que em vez de sangue possuem água insípida nas veias, confundem o ardor dos justos, a paixão pela verdade, com o fanatismo e a demagogia.

Após esses meus novos ataques à peça *Jesus Cristo superstar* na televisão, o Flávio Cavalcanti me contou na sua casa de Petrópolis, no alto do bairro de Caxambu:

Cena da peça *Jesus Cristo superstar* de Andrew Lloyd Webber e Tim Rice

— Fernando, a Léa Penteado acha que você é muito grosseiro e muito violento, quando investe contra o rock musical do Andrew Lloyd Weber e do Tim Rice.

Ele se referia a uma ex-repórter do semanário *Amiga*, secretária de Flávio entre 1971 e 1974. Respondi:

— Ah, é? Dona Léa Penteado queria que eu, que venero Jesus, aceitasse olhar o Salvador como amante de Maria Madalena, os apóstolos como bêbados, a Madalena, a lhe fazer massagens eróticas? Ela queria? Rejeito a crítica da sua secretária, Flávio, e vou prosseguir nos meus ataques a essa peça imunda.

O apresentador limitou-se a soltar estas poucas palavras:

— Compreendo você, Fernando, porém a Léa Penteado, fiel e querida amiga, fica chocada com a sua violência.

— Flávio, até Jesus Cristo, símbolo perfeito do perdão, da indulgência, foi violento quando expulsou os mercadores do templo de Deus, transformado numa ruidosa feira de comércio. Esses mercadores, lá no templo, vendiam bezerros e ovelhas, em troca de moedas. O Nazareno pegou um chicote provido de cordas e expulsou-os violentamente, derrubando os móveis, espalhando no chão o dinheiro. E gritou, enfurecido: "Não façais da casa do meu Pai um covil de ladrões!" A *Bíblia* descreve este episódio.

Bem atento, algo surpreso, o Flávio me ouvia. Acrescentei:

– Você me mostrou, aqui no terreno do seu lar, uma linda capela com um vitral onde a imagem de Jesus se reflete nas paredes. Isto

Léa Penteado

significa que Flávio Cavalcanti crê no Verbo Divino. Portanto, não deixe a sua produção exibir quadros dessa porcaria chamada *Jesus Cristo superstar*, não deixe, Flávio!

Fiz um apelo à consciência de cristão do apresentador e para o incentivar citei a seguinte frase de Marco Túlio Cícero (106-43 aC), extraída de uma das epístolas do grande estadista e orador romano:

> *"A minha consciência tem para mim mais peso que a opinião de todo mundo"*
> *("Mea mihi consciencia pluris est quam omnium sermo")*

Adverti o Flávio:

– Tome cuidado com a produção do seu programa de TV. É um perigo o fato de a Léa Penteado me achar muito grosseiro e muito deselegante, por descer o meu porrete nessa peça infame.

O espanto se tornou maior na cara do Flávio. Então procurei explicar.

– Sim, é um perigo porque estamos sob a ditadura do general Emílio Garrastazu Médici. Os milicos se empenham na tarefa de bancar os moralistas, como zelosos paladinos dos bons costumes. Patrocinar a divulgação de coisas rotuladas de "imorais" constitui excelente pretexto, para eles, de suspender a transmissão de qualquer programa.

Informou a edição de 21 de Julho de 1972 da revista *Amiga*: eu pretendia sair do júri do Programa Flávio Cavalcanti. Verdade irrefragável. Pedi ao Flávio, no fim da nossa conversa:

— Mande carta para mim, dispensando-me.

O "Senhor dos Domingos", líder absoluto de audiência na TV brasileira, tentou me convencer a ficar no júri, porém aleguei:

— Preciso começar a escrever a minha biografia de Getúlio Vargas, não me sobrará tempo.

Ele combinou:

— Quando terminar, avise-me. Quero ter você outra vez no programa, mas, por favor, a Léa Penteado não deve saber disso.

— Não divulgarei nosso trato. Desejo lhe dar um conselho, no entanto: tome cuidado com a sua produção. Ela, sob o domínio da amoralidade, poderá destruir seu programa.

Larguei o júri e pouco tempo depois. Em março de 1973, vi na televisão o Flávio entrevistar, às oito horas da noite, numa favela de Belo Horizonte, um marido corno, a mulher que o traía e o amante da adúltera. Os três moravam na mesma casa. A mulher, apoiada pelo marido cheio de galhos na testa, dormia com um rapaz na cama do casal. O Flávio perguntou ao corno:

— Por que o senhor deixa a sua mulher dormir na sua cama com esse rapaz?

Resposta do corno:

— Ah, seu Fláviu, é purque eli é mais moçu, mais forti qui eu.

Em seguida, o apresentador perguntou à esposa do chifrudo:

— Por que a senhora dorme com esse jovem?

Resposta da mulher:

— Ah, seu Fráviu, é purque ele é mais gostosu..

Resultado, o programa foi suspenso por dois meses. José Arrabal, diretor da TV Tupi, declarou à revista *Veja*: o quadro com o corno manso, a adúltera e o "amante gostoso" infringiu a "ética, a moral, os nossos costumes". O Flávio, segundo ele, nunca o deveria ter colocado no ar.

Conclusão. A burrice e a amoralidade da produção do Flávio Cavalcanti destruíram o seu programa de TV e causaram a ruína econômica do apresentador, obrigando-o a hipotecar a sua casa de Petrópolis.

Se a Léa Penteado, secretária de Flávio Cavalcanti, sempre ao seu lado, tivesse convencido o apresentador a cancelar a entrevista com o marido chifrudo e a esposa dele, o Flávio não perderia o programa que comandava, não ficando arruinado, sem recursos para sobreviver.

* * *

Nos dois programas de televisão do Flávio Cavalcanti, o de São Paulo, às terças-feiras, e no de domingo, fiz dois ataques violentos à peça *Jesus Cristo superstar*. Esses dois ataques tiveram repercussão nacional, pois recebi centenas de cartas de todas as partes do Brasil, até do Acre e de Roraima.

Após tornar-me jurado do *Flávio Especial*, às terças– feiras, transmitido no alto do Sumaré, da capital paulista, um dia o Flávio telefonou para mim, do Rio de Janeiro, e me disse:

– Fernando, estou precisando muito de você... Irei a São Paulo, na quarta– feira, só por sua causa.

Fiquei surpreso:

– Só por minha causa?

– É isto mesmo, trata-se de um assunto do meu especial interesse. Podemos nos encontrar?

Flávio Cavalcanti

Respondi, cheio de curiosidade:

– Estou às suas ordens, mas posso saber qual é o assunto?

Flávio respondeu:

– Prefiro explicar pessoalmente.

Concordei e o encontro foi marcado na sede da TV Tupi, às três horas da tarde de uma quarta-feira.

Encontrei-me com o Flávio numa sala grande da TV Tupi. Abraçou-me e depois trancou a porta da sala. Frisou, em seguida:

– Ninguém pode nos ouvir. Nesta sala não há aparelho de escuta.

Confesso, eu estava muito surpreso e pensando assim: que coisa esquisita, mas que diabo o Flávio quer de mim?

Ele então começou a me esclarecer:

– Meu querido escritor, a sua ajuda é importantíssima, por isto vim a São Paulo só com o objetivo de ter este encontro.

E o Flávio Cavalcanti, o homem mais popular da televisão brasileira naquela época, começou a explicar:

– Fernando, o *Flávio Especial* está com alto ibope e não para de crescer, de aumentar o número dos seus telespectadores. Esse aumento, em grande parte, é devido a você, às suas críticas, às suas denúncias, a sua franqueza, a sua coragem de apresentar a verdade e provar que tudo que diz é verdade. Afirmo, Fernando, você aumentou o ibope do meu programa.

Ouvi tal elogio com agrado, mas achei que nele havia exagero:

— Flávio, você me enxerga com lentes de aumento, por ser meu amigo. Entretanto, aonde quer chegar?

— É o seguinte, Fernando, o meu contrato com a TV Tupi termina daqui a quatro semanas. Os diretores da TV Tupi querem renovar o contrato, porém a quantia que pedi, eles estão achando muito alta. Ora, se no espaço de quatro semanas conseguir aumentar ainda mais o ibope, eles vão aceitar a quantia pedida por mim…

— Muito bem, Flávio, mas e daí?

— É daí que preciso de você. Vim a São Paulo especialmente para falar com você, torno a repetir. Preciso do seu auxílio.

— Mas, Flávio, eu nem conheço esses diretores da TV Tupi, não tenho nenhuma força junto a eles, qualquer influência…

— Não, Fernando, eu não quero que você fale com eles, não é necessário, o que eu quero é que você aumente ainda mais, no espaço de três ou quatro semanas, o ibope do programa. Se o ibope for aumentado, eles vão aceitar a quantia que estou pedindo.

— E como você quer que eu aumente o ibope?

— Fazendo uma denúncia sensacional…

— Qual é a denúncia? Sinto-me curioso.

Solicitei, diante do seu silêncio:

— Peça a um funcionário aqui da TV Tupi para comprar o último número da revista *Manchete*, ali na esquina onde se acha uma banca de jornais. A minha denúncia se baseará numa reportagem desta revista.

A *Manchete*, naquele tempo, era a revista de maior circulação do Brasil, dirigida por Adolpho Bloch. Rápido, Flávio pegou o telefone e pediu a um funcionário para comprar o seu último número. Quando chegou às nossas mãos, eu a peguei. Abri a revista e mostrei ao Flávio uma reportagem com várias páginas sobre a peça *Jesus Cristo superstar*. Assumindo um tom algo solene, falei de maneira firme, segura:

— Veja, amigo Flávio Cavalcanti, como são nojentas esta opera rock e a reportagem, na qual, baseada nela, Jesus Cristo é exibido como amante de Maria Madalena. Esta, segundo informa a reportagem, "cantava para adormecer o seu homem", isto é, o seu amante, o seu "macho". E olhe, Flávio, outra página da reportagem. Abri bem a revista *Manchete*. Numa página inteira, em cores, Jesus aparece de pé e os seus apóstolos, no chão, bêbados, conforme salienta o texto da página da foto.

Não me contive:

— Que infâmia Flávio, que infâmia! Que canalhice informar isto, Jesus, amante de Maria Madalena! Quanta baixeza, mostrar os apóstolos de Jesus como bêbados!

Flávio arregalou os olhos e murmurou:

— Sim, sim, é mesmo...

Acrescentei:

— No seu programa, se você quiser, farei a denúncia.

Entusiasmado, respondeu com energia:

— Sensacional! Claro que quero, essa porrada aumentará o ibope do programa e os diretores da TV Tupi vão aceitar, por causa disso, a quantia que eu estou pedindo. Você sabe, quanto mais ibope num programa de televisão, mais publicidade.

Aí eu objetei:

— Mas Flávio, há um problema, você é amigo do Adolpho Bloch, diretor da *Manchete*, e ele não vai gostar de ver a sua revista sendo esculhambada por mim…

Flávio não se perturbou:

— Não haverá problema, se ele se queixar, vou dizer que você é louco e me pegou de surpresa. Concorda?

— Concordo, pode dizer que sou louco. A rigor, quem é normal? No fundo, bem no fundo, todos nós, seres humanos, somos animais evoluídos, descendentes de uma raça de macacos. Indago, qual é o bicho, como nós, que usa óculos, anda de automóvel, vê televisão, lê livros?

A risada do Flávio foi larga. Ele refletiu um pouco e disse, sorrindo:

— Não quero que você faça a denúncia no próximo programa. Quero que você se levante e diga: senhor Flávio Cavalcanti, desejo apresentar uma denúncia que interessa a todo povo brasileiro, às donas de casas, aos jovens, aos idosos, aos estudantes, aos professores, operários, a toda população do Brasil... Nesse momento eu farei aquela cara.

– Que cara você fará quando eu disser isto, Flávio?

– A cara de quem não está gostando.

– Muito bem, e daí, Flavio?

– Daí eu nao deixo você fazer a denúncia e digo em voz alta: nossos comerciais, por favor. Você, no próximo programa, vai se levantar várias vezes e pedir para fazer a denúncia e eu não deixo, dizendo sempre: nossos comerciais, por favor.

– Já sei, Flávio, isto é para aumentar a curiosidade, alimentar o suspense, fazer subir o ibope...

– Exatamente, Fernando.

– Mas a minha denúncia será sincera, Flávio, de fato não me conformo com o achincalhe infligido a Jesus Cristo, o meu sangue ferve, espumeja de revolta.

Flávio respondeu que sabia disso. Contudo, apelou para a amizade que eu tinha por ele e acabei concordando. Fiz o que havia sido combinado. Na semana seguinte, telefonou-me, a transbordar de entusiasmo:

– Fernando, querido, deu certo, o ibope subiu muito! Beleza! Maravilha! Na próxima terça-feira, vamos fazer o mesmo. Você se levanta, tenta lançar o protesto, eu faço aquela cara, não deixo você falar e peço os nossos comerciais.

De fato, tudo voltou a acontecer. No fluir do programa, que durava quatro horas, levantei-me mais de cinco vezes, dizendo:

– Senhor Flávio Cavalcanti, quero apresentar uma denúncia que interessa a todas donas de casas, jovens, idosos, estudantes, professores, funcionários públicos…

Flávio me interrompia, fazendo "aquela cara" e pronunciava estas palavras com voz bem alta:

– Nossos comerciais, por favor!

Na outra semana mais um telefonema do apresentador:

– Maravilha, Fernando, maravilha! O ibope ficou altíssimo, o mais alto da televisão brasileira! Deu certo! Os diretores da TV Tupi se comunicaram comigo e aceitaram a quantia que eu estava pedindo. Querem a minha presença em São Paulo, a fim de assinar o contrato. No próximo *Flávio Especial*, terça-feira, você lança o protesto contra a peça *Jesus Cristo superstar* e a reportagem da *Manchete*, baseada nela. Não vou mais fazer "aquela cara" e pedir "nossos comerciais, por favor!"

O programa do Flávio na TV Tupi era ao vivo, lá no Sumaré, com auditório repleto, mais de 300 pessoas. Eu já estava farto daquela comédia, não aguentava mais, queria de fato protestar, de maneira firme, sincera, desejava ardentemente condenar aqueles insultos ao Nazareno, tanto na peça *Jesus Cristo superstar* como na extensa reportagem da publicação do Adolpho Bloch.

Ergui-me da cadeira de jurado e com voz bem alta, com a revista *Manchete* numa das mãos:

– Senhor Flávio Cavalcanti, se agora o senhor não me deixar apresentar o meu protesto, desisto de ser seu jurado. Não estou aqui por vaidade, com o único objetivo de me exibir, de aparecer nos aparelhos de televisão do Brasil inteiro. Não! Não! Não! Não! Eu estou aqui para ser sincero, honesto, um jurado cônscio dos seus deveres e fiel cumpridor de um código de ética. Sustento, se agora o senhor não permitir meu veemente protesto, saio já do seu programa, abandono a minha cadeira de jurado. A escolha é sua, senhor Flávio! Sim ou não?

Flávio era também ator, permaneceu um minuto em silêncio, como quem está meio aturdido, e falou:

– Está bem, Fernando Jorge, não precisa sair de meu júri, apresente o seu protesto.

O auditório estava em suspense. Havia uma enorme expectativa. Dezenas de olhares se concentraram em mim. Então falei:

– Prezado auditório, prezados colegas de júri, prezados telespectadores deste imenso país e prezado, por último, senhor Flávio Cavalcanti. Explico, por último, porque só agora está deixando eu apresentar o meu protesto.

Ele fingiu estar surpreso, mas depois do programa me disse que adorou a minha tirada, pois ela deu à cena "um cunho de autenticidade". Continuei:

— Protesto, em nome dos católicos, dos evangélicos, dos protestantes, dos espíritas, de todos que amam e veneram Jesus, contra esta nojeira chamada *Jesus Cristo superstar*, parida pelos senhores Tim Rice e Andrew Lloyd Weber, como um monstruoso aborto coberto de pus, vermes e excremento. Nessa peça o Salvador é achincalhado. Oh, imundice, oh porcaria!

Fiz uma pausa, sob os olhares atentos do Flávio, dos jurados e das dezenas de pessoas do auditório. Abri a *Manchete*, e afirmei:

— Vejam esta outra infâmia contra o Nazareno. É uma reportagem de várias páginas da revista *Manchete*, sobre o repulsivo aborto extraído dos cérebros do Tim e do Andrew. Nessa reportagem da *Manchete*, Jesus é mostrado como amante de Maria Madalena e os apóstolos como bêbados, tão bêbados que aparecem, numa página inteira, estendidos no chão, aos pés de Jesus! É infâmia demais. É um insulto aos sentimentos cristãos do nosso povo! Estou tão enojado que vou rasgar esta revista e jogá-la nos seus pés, senhor Flávio Cavalcanti!

Para acompanhar as minhas palavras, diante das câmeras de televisão, rasguei a *Manchete*, em duas partes, e joguei-a nos pés do Flávio. Ele abriu a boca, surpreso, balançou a cabeça e recebi os aplausos, as palmas do auditório.

Concluído o programa, o Flávio fez um sinal para mim. Fui ao seu encontro e ele se expandiu:

– Genial, Fernando, genial. O Ibope foi para a estratosfera. Você foi genial. Quero que seja meu jurado no meu programa dos domingos, no Rio de Janeiro. Você viajará todos fins de semana de avião, pela ponte aérea e ficará hospedado num bom hotel de Copacabana. Tudo pago pela produção. E receberá um cachê alto. Aceita?

Aceitei, dizendo:

– Concordo, porém o Adolpho Bloch, dono da *Manchete*, vai protestar, dizer que você o traiu.

– Não há problema, Fernando. Conforme já acentuei, se houver a queixa, vou dizer a ele que você é louco e me pegou de surpresa.

Caímos na gargalhada…

Salomão Schvartzman, diretor da sucursal da *Manchete* em São Paulo, localizada no

Jardim Europa, começou a telefonar todas as semanas para a produção do programa do *Flávio Especial*. Telefonava e sempre perguntava:

– Quantos exemplares da *Manchete* vocês querem receber para o Fernando Jorge rasgá-la? Mil? Cinco mil?

A Produção respondia:

– O Fernando não é mais jurado do *Flávio Especial*, de São Paulo. Agora é jurado do Flávio no seu programa dos domingos, no Rio de Janeiro.

Comentário invariável do Salomão, após ouvir isto:

– Ah, então ele progrediu, por ter rasgado a *Manchete*...

* * *

Estamos num país chamado Brasil onde milhões dos seus habitantes se acomodam, não reagem em frente ao erro, da mentira, da calúnia, do disparate, da injustiça. O romancista Lúcio Cardoso acertou quando proferiu esta frase:

"O Brasil é uma rosa parda de confusão."

Sim, rosa da cor das fezes dos ratos e das corujas…

Várias coisas se acham muito bem organizadas na pátria do honrado Paulo Salim Maluf: o futebol, o carnaval, a desordem, a burrice, a ignorância, os atos de corrupção de vereadores, deputados, senadores, prefeitos, governadores.

Sou vítima de um fenômeno estranho. Já consultei o meu médico e o meu oculista. Tudo inútil. Explico o fenômeno, é assim: quando olho para a nossa bandeira, na qual está escrito o lema "Ordem e progresso", extraído do pensamento do filósofo francês Augusto Comte, eu só consigo ler esse lema com estas palavras: "Desordem e retrocesso". Por que isto acontece? Perturbação mental? Enlouqueci?

Mudando de assunto, desculpem-me a franqueza, a rude sinceridade, não vejam no que vou dizer a pura manifestação de uma egolatria, mas o único cidadão brasileiro que publicamente, e na televisão, protestou contra a infame opera rock *Jesus Cristo superstar*, fui eu, o pecador, o imperfeito, o revoltado Fernando Jorge.

* * *

O coração, senhora Léa Penteado, é o relógio do nosso corpo e pode parar de repente. Às vezes, se falha, o cardiologista, como exímio relojoeiro, consegue lhe dar corda. Dois corações, o meu e o seu, dona Léa, embora enferrujados, com pecinhas algo gastas, estão funcionando há muito tempo e de súbito o tic-tac deles vai sumir. Eu e a senhora somos dois pré-cadáveres. A Morte, veloz sequestradora faminta, já espreita. Antes dela nos raptar, eu, o agressivo, o violento escritor Fernando Jorge, declaro com voz potente: a opera *Jesus Cristo superstar* é montanha de bosta, expelida pelo ânus de mil gigantescos dinossauros.

No livro caótico, mal escrito, repleto de lacunas, de juízos absurdos, intitulado *Um instante, maestro!* (Editora Record,1993), sobre o programa de televisão do Flávio Cavalcanti, a senhora Léa Penteado, na página 90, afirmou o seguinte: Fernando Jorge, no júri do Flávio, mostrava-se "grosseiro e deselegante," estava "liberado para continuar dizendo todas as barbaridades que bem entendesse."

Senhora Léa Penteado, devido aos seus julgamentos ilógicos, ao seu horror à minha franqueza sem meias palavras, à minha personalidade enérgica, inimiga da mentira, da hipocrisia, da falsidade, sugiro isto à sua pessoa cheia de rancor contra mim: altere o seu sobrenome, em vez de Léa Penteado, passe a se chamar Léa Despenteada. Outra coisa, quer um pente caro, bonito? Envie-me o seu endereço…

Carlos Imperial, a fim de se promover, vivia me xingando, não parava de telefonar para a equipe da produção do programa de Flávio. Dizia aos berros:

— Afastem logo o Fernando Jorge do júri, pois é um brega, um chapado, um quadradão incapaz de compreender a genial, a ma-ra-vi-lho-sa *Jesus Cristo superstar!* Ele devora criancinhas quando almoça e janta!

Esse meu alucinado inimigo possuía 1,85m de altura e cento e dez quilos de peso. Gostava de exibir a sua barrigona amarela de alcoólico, repleta de pelos negros e com-

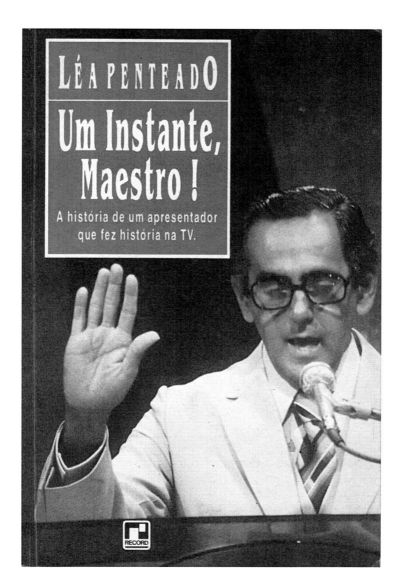

A capa do livro de Léa Penteado, no qual Fernando Jorge é violentamente atacado.

pridos, coçando-a a todo instante. Parecia ter a pança infestada de piolhos. Gritava nos bares de Copacabana e Ipanema:

— Atenção! Atenção! Eu me chamo Carlos Imperial porque descendo de um nobre da corte de D. Pedro II, o Barão de Itaipu, que mandava todo mundo tomar no c…

Apesar de ser desequilibrado, o Imperial tornou-se o vereador mais votado do Rio de Janeiro. Pergunto ao amigo leitor: dá para acreditar no Brasil, no país, no seu progresso? E não duvido, se esse possesso fosse candidato à presidência da República, poderia ser eleito com uma votação monumental, esmagadora.

Certa noite, quando eu era jurado do programa do Flávio, achava-me no restaurante Lamas do Rio de Janeiro, no bairro do Catete. O Imperial entrou no restaurante e ganiu, diante de mim:

— Você é um quadradão, Fernando, um cara bitolado! Quadradão! Quem é você pra esculhambar a belezura que é a *Jesus Cristo superstar*? Quem, seu cocô de rato? É um careta! Um careta!

Abriu mais a bocona fedorenta como a catinga de bode suado, debaixo de sol escaldante, e logo percebi: ele queria esbarrar em mim. Desviei-me, rápido. Então tentou me empurrar, mas eu, como sempre fui um magro dotado de agilidade, reagi a tempo e o empurrei. Pesadão como enorme massa de carne entupido de banha, o energúmeno desabou em cima de mesa grande, cheia de copos, pratos, talheres, garrafas. Ecoou um estrondo. Parecia queda de raio.

Foi um escândalo. Todos, no restaurante, pararam de falar. Três garçons, com dificul-

Carlos Imperial

dade, ergueram o corpanzil do meu agressor. Aliás, desconfio que ele se achava meio bêbado, pois senti, vindo de sua boca um bafo de álcool.

Tranquilo, sob alguns aplausos, ocupei a minha mesa, enquanto o Carlos Imperial, resfolegando, esparramava-se numa cadeira. Havia perdido todo seu ar imperial...

* * *

Furioso, após tombar no chão do restaurante Lamas, o Carlos Imperial continuou a elogiar a opera rock *Jesus Cristo superstar* e a proferir insultos contra mim.

Na edição de 27 de Junho de 1972 da revista *Amiga*, apareceu uma reportagem de página inteira, com a minha foto e a do Imperial. Declara a reportagem, no início:

"Fernando Jorge quer aplicar uma lição em Carlos Imperial. 'um moleque inconsequente que só merece cadeia'... O gordo que acha engraçado a raiva de Fernando, e continua a chamá-lo de 'Devorador de criancinhas', 'criminoso moral' e coisa assim. A briga está na justiça, com Imperial respondendo a processo."

A última frase do início da reportagem não expressa a verdade. Apesar dos insultos do moleque, eu não quis processá-lo. Foi o Imperial que inventou isto, a fim de se passar por vítima. Eu o odiava, ele dizia, porque elogiou a opera rock *Jesus Cristo superstar*, pois conforme essa opera revela, Jesus "foi de fato amante da prostituta Maria Madalena e os seus apóstolos um bando de bêbados, sempre no porre, noite e dia".

Informou-me o Carlos Heitor Cony que o seu xará, o Carlos Imperial, após beber muito uísque nos bares de Copacabana e do Leblon, cantava assim:

> *"Quem sou eu?*
> *Quem sou eu?*
> *Sou o Frank,*
> *O Frank Sinatra,*
> *A cantar, a cantar com cagadinha,*
> *A mijar, a mijar,*
> *E a a a a a peidar!*
> *Peidar, peidar!*
> *Mijar, mijar!"*

Quando o Cony me contou isto, no seu escritório do Largo do Machado, no Rio, eu e ele caímos na gargalhada. O Cony me disse:

— Fernando, você fez bem, agiu de modo certo, por não querer processar o Imperial. Fulanos lelés da cuca, iguais a ele, não devem ir para a cadeia e sim para as clínicas dos psiquiatras.

E Cony acrescentou:

— Ao entrar num bar do Leblon, encontrei o Imperial. Estava meio bambo, por causa do excesso de bebidas alcoólicas, e pondo uma de suas mãos pesadas num dos meus ombros, afirmou que de fato, como está na peça *Jesus Cristo superstar*, o Nazareno era amante da prostituta Maria Madalena, que ela cantava para ele, cheia de amor erótico, e os apóstolos, São Mateus São João, São Paulo, viviam porrados, tão bêbados que rolavam no chão aos pés de Jesus. A *Bíblia* provava tudo isto, ele, Carlos Imperial leu o livro sagrado várias vezes e podia garantir que você, Fernando, mentiu ao negar tais verdades, ao atacar a linda, a maravilhosa opera rock dos geniais Tim Rice e Andrew Lloyd Webber.

— E qual foi a sua resposta, Cony?

— Tirei a sua mão pesada do meu ombro e disse que quem mentia não era você, Fernando, era ele. Aí o Imperial retrucou, berrando: li na *Bíblia*, conheço a *Bíblia*! Firme, respondi: você está delirando, nunca leu a *Bíblia*. Sempre alucinado, repetiu: conheço a *Bíblia*!

— Incrível, Cony, e aí?

— Aí eu respondi: à latrina Imperial: você está bostejando pela boca. Enfurecido, reagiu: eu não conhecia a *Bíblia*. Joguei na sua cara: Imperial, ouça, eu ia ser padre, fui seminarista, li dezenas de vezes a *Bíblia* e até na sua edição em latim. Decorei, inclusive, vários trechos desse livro. Sou capaz de o verter do idioma de Marco Túlio Cícero para o idioma do padre António Vieira.

Depois, Cony me contou que o Carlos Imperial lhe deu essa resposta, exibindo a cara rubra, aquecido pelo álcool:

— Vou continuar a bater no seu amigo quadradão, o Fernando Jorge.

Cony limitou-se a dizer:

— Desconfio que você é masoquista, gosta de apanhar do Fernando, de vê-lo descer o porrete no lombo de sua imensa, caudalosa ignorância, tão caudalosa como as das pororocas do rio Amazonas.

Com a voz pastosa dos alcoolizados, o Imperial grunhiu, como um porco picado por marimbondos:

– Vou esculhambar o seu amigo Fernando Jorge numa entrevista para a revista *Amiga*, que minha amiga Léa Penteado arrumou. Ele vai pagar por ter metido o pau na maravilhosa opera rock *Jesus Cristo superstar*. Fernando é um quadradão, um careta, não quer aceitar que Jesus era macho da putona Maria Madalena e que São João, São Paulo, São Lucas, cupinchas de Jesus, viviam no porre, bebiam até caírem no chão.

Cony me confessou:

– Juro, senti enorme vontade de lhe aplicar um tabefe, cheguei a espalmar a mão direita, mas me contive.

De fato a entrevista do possesso apareceu. Foi no número 112 da revista *Amiga*, com estes dois títulos:

"Carlos Imperial responde às acusações de Fernando Jorge – Está na cara, ele é devorador de criancinhas".

O título da entrevista contra mim, ocupando a página inteira, é um amontoado de asneiras. Parece uma fedorenta pilha erguida com as fezes endurecidas de uma gorda ratazana. Imperial se expressava de maneira chula, contendo erros de português. Eis um desses erros, de concordância. Nessa entrevista caótica, semelhante ao vômito podre de um bêbado, após ingerir dez copos de vodca, ele diz:

"Ora, Fernando, tem um monte de Marginal que quer me ver preso, só de inveja"

Monte de marginal! Flávio Cavalcanti, no seu programa da TV Tupi, pediu a minha opinião sobre a entrevista onde Carlos Imperial me agride. Respondi:

-Flávio, como posso levar a sério um sujeito que não sabe se expressar de modo simples e correto, sem cometer erros graves de português?

O apresentador perguntou:

– Você, como meu jurado, pode provar isto?

– Perfeitamente– respondi.

Unindo as palavras à ação peguei a revista *Amiga* e mostrando a entrevista do Imperial contra mim, li em voz alta, bem sonora, estas palavras do meu agressor:

"... tem um monte de Marginal que quer me ver preso..."

Acrescentei, com voz ainda mais alta:

-Monte de marginal? O que é isso, é um monte cujo o nome é marginal ou é um monte de marginais? Você conhece o tal Monte Marginal? Eu não conheço. Só conheço, lá em São Paulo, o monte Jaraguá.

A gargalhada foi geral, a do Flávio, dos meus colegas do júri, de todas as pessoas no auditório, até dos que movimentavam as câmeras de televisão. Contaram-me, porém, não sei se é verdade, que o Carlos Imperial se achava no auditório, sentado numa das cadeiras da última fila e que ao ver aquela explosão, ergueu-se rápido de sua cadeira e saiu apressadamente...

* * *

Quem reagiu também de maneira violenta às minhas críticas contra a opera rock *Jesus Cristo superstar*, indignado, foi o jornalista

Ferreira Neto, da *Folha da Tarde*, da capital de São Paulo.

Ferreira Neto, homem de corpo volumoso, era jornalista desde os 15 anos de idade, e ganhou vários prêmios, escrevia com agilidade e passou pelas redações de *O Dia, Correio Paulistano, Diário da Noite, Última Hora*. Atuava como correspondente internacional e trabalhou nas rádios Tupi, Bandeirantes, Piratininga. Quando investiu contra mim, tinha um programa de entrevistas na televisão, no Canal 7. Já havia feito entrevistas na rádio Trianon.

Sempre gostei de ser combatido, de possuir inimigos, mas com uma condição: desde que eu possa reagir, combatê-los, só não aceito insultos, agressões à minha honra. Encaro a vida com esta filosofia dos versos de Gonçalves Dias expressa no poema "Canção do Tamoio":

*"Não chores meu filho;
não chores, que a vida
é luta renhida;
viver é lutar.
A vida é combate*

que os fracos abate,
que os fortes, os bravos
só pode exaltar."

Este livro é barroco, mescla de livro de memórias, de crítica literária e de crítica de caráter religioso, porém sincero, autêntico. Senti forte, avassaladora vontade de escrevê--lo, corresponde a um alívio, a um desabafo. Imposição da minha alma imperfeita. Outra coisa, não me interessa se é bom ou mau, medíocre ou de valor. Estou numa fase na qual a vida me impulsiona a colocar para fora tudo que penso, que sinto. Em carta enviada a Godofredo Rangel, inserida no volume *A barca de Gleyre*, o nosso imperecível Monteiro Lobato afirmou que Camilo Castelo Branco, esse grande romancista português, escrevia com a mesma naturalidade do homem de boa saúde que mija. Pois bem, amigo leitor, este meu livro, intitulado *Em defesa de Jesus Cristo*, é tão espontâneo como as minhas sadias expulsões de urina da minha ótima bexiga...

Agora, sem ser masoquista, passo a mostrar as agressões aplicadas em mim pelo jornalista Ferreira Neto, por causa dos meus ataques à opera rock *Jesus Cristo superstar*. Todas estas hípicas, cavalares esculhambações, e não épicas, heroicas, apareceram na *Folha da Tarde* de São Paulo.

Quem previu os ataques do Ferreira à minha pessoa foi o Nelson Rodrigues, quando eu o conheci, apresentado a ele pelo meu amigo Ênio Silveira, dono da editora Civilização Brasileira:

– Nelson, este é o escritor Fernando Jorge.

O teatrólogo apertou minha mão e eu disse:

– Muito prazer, colega pré.

Nelson surpreendeu-se:

– Colega pré?

– Sim, colega pré, está correto, porque eu e você somos pré-cadáveres, como todos seres humanos.

A gargalhada do Nelson ecoou na pequena sala do Ênio Silveira e ele falou, batendo de leve no meu ombro:

-Você tem razão, eu, você, o Ênio todos nós somos pré-cadáveres. Eis aí uma expressão que eu, Nelson Rodrigues, gostaria de haver criado, inclusive porque fui tuberculoso e padeço de uma úlcera brava que me obriga, dia e noite, a beber copos e copos de leite, a fim de acalmá-la.

Em seguida ele me olhou de modo firme e proferiu estas palavras:

— Ouça, colega pré-cadáver, você vai ser esculhambado como eu tenho sido, até por colegas meus de imprensa, que me chamam de pornografico atrás de mim, sem a coragem de atacar de frente. Não sou carola, um religioso fanático, mas admiro a sua coragem, ao meter o cacete na peça *Jesus Cristo superstar*, sustentando que ela achincalha o Nazareno.

Nelson pediu um cigarro ao Ênio Silveira e após o colocar no seus lábios e acendê-lo com um isqueiro prateado, olhou-me outra vez de modo firme e acrescentou:

— Você, meu colega pré-cadáver, vai ser atacado por algum jornalista, pelo fato de ter rasgado, como jurado do programa de televisão do Flávio Cavalcanti, aquela reportagem da revista *Manchete* sobre a opera rock onde Jesus e Maria Madalena são exibidos como amantes e os apóstolos como bêbados, tão alcoolizados que rolam no chão, junto dos pés de Jesus.

Nesse momento o Nelson Rodrigues, depois de soltar uma baforada do cigarro, ergueu o braço direito, fechando a mão do braço, como quem quer dar um soco, e rugiu:

— Canalhas, canalhas! Os meus inimigos andam espalhando que o Tim Rice e o Andrew Lloyd Webber se inspiraram nas minhas peças *Vestido de noiva* e o *Beijo no asfalto*, para sem a menor dificuldade parir o monstruoso aborto sifilítico *Jesus Cristo superstar*. Aliás, Fernando, essa expressão é sua, você a soltou no programa do Flávio da TV Tupi.

Eu nem me lembrava mais da expressão, mas confirmei:

— Sim, essa opera rock é um monstruoso aborto sifilítico, todo coberto de pus, merda e sangue podre de rato.

Nelson me aplaudiu e o seu prognóstico se materializou. Os ataques do Ferreira a mim se intensificaram na *Folha da Tarde*, a partir de junho de 1972. Foram se tornando cada vez mais violentos. Vários, pensei, podem me atacar à vontade, enquanto não for atingida a minha honra, o meu caráter, mas se atingi-los, meto-lhes um processo para os deixar preocupados, atrapalhar as suas vidas...

Fui aguentando as porradas, expressas até em textos longos. Vi que estava obcecado por mim e isto até me divertia, dava-me mais popularidade, aumentava a venda dos meus livros nas livrarias de todo o Brasil, porque as porradas eram também desferidas num programa de televisão do Canal 7.

Vítima já de várias agressões verbais, na seção do Ferreira Neto da *Folha S. Paulo*, do dia 22 de junho de 1972, ele assim se referiu a mim:

"Ferdoca, meu ratinho de estimação."

Raciocinei: se ele continuar a me chamar de rato, vou lhe dar uma lição dura, complico-lhe a vida, logo verá com quem se meteu. O substantivo **rato** aplicado a qualquer homem é pejorativo. Chamar um homem de rato corresponde a chamá-lo de marginal, ladrão, delinquente, ou como está num verbete do dicionário do Aurélio Buarque de Holanda, equivale a dizer que é "larápio de hotel".

Fiquei ainda mais atento. Ferreira Neto botou o Carlos Imperial, nas investidas dele contra mim. E persistiu em me chamar de rato. Aludindo ao meu gesto de rasgar a revista *Manchete* na televisão, por causa da imunda reportagem na qual Jesus e os seus Apóstolos são difamados, não parava de dizer na sua coluna da *Folha da Tarde*, inclusive com fotos do camundongo Mickey, do Walt Disney que eu, por ser rato, gostava de rasgar papéis, jornais, revistas.

Os insultos chegaram a tal ponto, que eu, embora não me considere um valentão, resolvi de maneira firme, até fria, meter um processo nele, infernizá-lo. Se ele era macho, tinha colhões, eu também era, não pertencia à raça dos tímidos, dos fracos, dos cagalhões. Falou mais alto o meu sangue de árabe, de espanhol. O espanhol, quando é bom é santo, quando é ruim é o diabo, é Santo Inácio de Loyola ou Torquemada. Orgulho-me de ter sangue espanhol, o único povo que assombrou Napoleão, pois ao mandar invadir a Espanha os filhos desse país nunca se rendiam. E a tal ponto que Napoleão perguntou:

— Que povo é este que não se entrega, prefere morrer do que se render?

Há um quadro do grande pintor Goya que mostra soldados franceses fuzilando espanhóis. Nenhum deles se mostra acovardado. Um está de braços erguidos e parece gritar assim:

-Atirem mierdas, hijos de la putana!

Meu Deus, como me orgulho de ter sangue espanhol por parte de minha mãe, ela se chamava Albertina Pantoja, descendente do pintor místico espanhol Fray Pandoja de La Cruz! Como me orgulho!

Este livro é fruto legítimo do meu temperamento de espanhol. Esse temperamento me impeliu a ser o pai de um livro assassino. Refiro-me à minha obra *Vida e obra do plagiário Paulo Francis, O Mergulho da ignorância no poço da estupidez*, onde provo, documentadamente que ele, Francis, era racista, odiava os negros, as mulheres, e foi ladrão literário.

O livro enfureceu os admiradores de Francis. Um deles tentou me agredir na Alameda Santos da capital paulista, porém, como sou ágil, e conheço alguns golpes de capoeira, apliquei-lhe um certeiro golpe de capoeira, que o derrubou e o deixou estendido na calçada dessa via pública. Depois de o ver quase desmaiado, escarrei na sua cara. Às vezes sou muito violento, confesso.

Olavo de Carvalho, guru dos Bolsonaros, também se enfureceu, após ler o meu livro terremoto e cheio de raios mortíferos contra o racista Paulo Francis. Para o defender, apresentou 11 páginas contra ele, no seu livro *O imbecil coletivo*, obra com várias edições. Resultado: sua defesa do racista, ao longo de 11 páginas, aumentou ainda mais a vendagem do meu livro mortífero, fez uma edição suceder a outra. Oh, beleza!

Peço aos meus inimigos, ataquem-me.

Quanto mais vocês me esculhambarem, mais serão vendidos os meus livros. E suplico: lancem porradas em cima deste meu livro em defesa de Jesus Cristo, ataquem-me, mas cuidado, sou muito perigoso, se atingirem a minha honra, não hesitarei um segundo em os meter em processos, por intermédio de um amigo que é grande advogado e nunca perdeu uma causa.

Eu disse que sou perigoso e posso provar como, às vezes, a minha periculosidade é mortífera. Antes de escrever o meu livro contra o Paulo Francis, meu pai, Salomão Jorge, brasileiro de origem árabe, poeta notável, foi à minha casa e indagou:

– Meu filho, você conhece o sujeito chamado Paulo Francis?

Respondi que fui apresentado a esse sujeito pelo meu amigo Ênio Silveira, na editora Civilização Brasileira do Ênio, localizada no bairro de Botafogo do Rio de Janeiro. E eu quis saber porque o meu pai havia feito a pergunta. Ele explicou:

– Esse tal de Francis atacou a nossa raça. Garantiu, em um texto, que os árabes são débeis mentais, o *Alcorão* é um livro suspeito, mal escrito, e que a virgindade das mulheres árabes é duvidosa, isto é, chamou praticamente as mulheres da nossa raça de prostitutas.

Unindo a palavra à ação, meu pai sacou do bolso um recorte e o exibiu. O meu sangue espanhol e árabe, quente como as brasas das fogueiras do Inferno, brasas apanhadas pelo diabo, logo ferveu. Soltei o meu rugido de fera sedenta de sangue, faminta de carne para estraçalhar:

– Papai querido, fique tranquilo. Vou destruir o Paulo Francis e transformá-lo em pozinho de merda de suíno leproso, alimentado com fezes de urubu, titica de galinha e bosta de vaca sifilítica.

Meu pai riu da minha explosão e depois, emocionado, com lágrimas nos olhos abraçou-me, dizendo:

— Isto, meu filho, honre o sangue da nossa raça, o sangue do seu pai, o seu sangue, o sangue espanhol da sua mãe, honre!

Modéstia à parte, eu honrei. Fiz minuciosa pesquisa, li tudo que o Paulo Francis escreveu, contratei quatro pesquisadores que me entregaram cópias xerográficas de todos os textos do Francis publicados no *Pasquim*, na *Folha de S. Paulo*, no *O Estado de S.Paulo*. Fiquei meses e meses lendo tudo, anotando tudo, e descobri dezenas de plágios do Francis, de manifestações de racismo em relação a árabes, judeus, negros e japoneses, além de inumeráveis erros de português, de informações erradas sobre literatura, pintura, história etc, etc.

Fiquei seis meses escrevendo o livro. Quando apareceu, foi um estouro, uma bomba atômica não em Hiroshima e Nagasaki e sim no campo da cultura.

Embora o Francis fosse colaborador da *Folha de S.Paulo*, o seu correspondente em Nova York a editora desse periódico, Irene Solano Viana, escreveu um longo artigo, no qual admitiu:

> "Os exemplos levantados por Fernando Jorge são incontestáveis, bem documentados: o senhor Paulo Francis escrevia mal, plagiava sobretudo citações e ideias, errava feio nas suas ostentações de sua pseudo cultura... Não tinha compromisso algum com a exatidão dos fatos ou respeito pela honra e dignidade alheias".

O jornalista Alberto Dines, que pertenceu à equipe da *Folha de S. Paulo*, era amigo íntimo de Paulo Francis, e disse numa entrevista concedida ao *Correio Popular* de Campinas (edição de 5 - 2 - 1997), logo após o infarto do plagiário: meu livro contra ele, juntamente com um processo da Petrobras, causou a sua morte. Segundo foi divulgado, Paulo Francis estava lendo o livro no banheiro do seu apartamento em Nova York, quando sofreu o fatal ataque cardíaco. Uma repórter do *Jornal do Brasil* telefonou para mim e quis saber:

— Senhor Fernando Jorge, o senhor não tem a consciência pesada? O seu livro contra ele causou-lhe a morte.

Sem me abalar perguntei:

— A colega é senhora ou senhorita?

— Senhorita, graças a Deus, sempre senhorita, porque jamais me casarei, pois não nasci para ser escrava.

— Muito bem, senhorita que jamais será escrava.

Ela insistiu:

— Mas o senhor não respondeu. O senhor tem ou não tem a consciência pesada?

Pronunciei estas palavras:

— Sou, sem querer, o pai do primeiro livro assassino do mundo. Gostaria que me informassem se ele, o meu livro contra o Paulo Francis, causador de sua morte, deve ser fuzilado, ou enforcado, ou morrer numa câmara de gás.

Bem, amigo leitor, por que estou evocando estes fatos? Apenas por um motivo, a fim de mostrar que se acuso provo. Provei que o

Paulo Francis era plagiário, apedeuta, racista, odiava os negros, não parava de atacar as mulheres, agredindo, não poucas vezes, a Marta Suplicy, a Ruth Escobar, a Tônia Carrero, a Cacilda Becker, a Dorotéa Werneck. Estou esperando, há mais de vinte anos, que me desmintam, que me processem por calúnia, injúria, difamação. Portanto, as minhas acusações neste livro em defesa de Jesus Cristo não estão sendo feitas por um leviano, um ignorante, um difamador, um irresponsável... Arre, chega, passemos adiante!

* * *

Já acentuei, gosto de ter inimigos, sem ser valentão... Sim, gosto porque eles me fornecem o prazer de expor fatos incontestáveis, a verdade nua, sem colar, peruca e balangandãs, pelada como índia tomando banho no rio Xingu.

Entretanto, repito, não aceito ultrajes a minha honra. Aceito críticas, reparos, não me julgo perfeito. Se até o sol, rei dos astros, tem manchas, pontos escuros, nós, seres humanos, também temos manchas em nossas almas. E algumas delas podem crescer...

Pois bem, o Ferreira Neto, nos meados de 1972, começou a se exceder nas críticas ao imperfeito Fernando Jorge, na sua coluna da *Folha da Tarde*. Inconformado com as minhas porradas no *Jesus Cristo superstar* e com o fato do sincero cristão Fernando Jorge ter rasgado a revista *Manchete* no programa de televisão do Flávio Cavalcanti, por causa da reportagem onde Jesus é difamado, ele, Ferreira Neto, insistia em dizer nos seus textos: rato é que gosta de rasgar papéis, revistas, jornais. E repetia isto praticamente todas as semanas. Amigos meus se indignavam:

– Fernando, o Ferreira Neto está xingando você sem parar, é preciso reagir!

Outro amigo meu, o jornalista Maurício Loureiro Gama, me disse, erguendo o braço direito e fechando a mão:

– Juro, sinto vontade de dar um soco no Ferreira Neto, embora ele seja meu colega de imprensa.

Romualdo Clouset, da *Folha de S. Paulo*, meu amigo, contou-me isto:

– Eu disse ao Ferreira, lá na redação da *Folha*, que ele estava ofendendo você. Respondeu, meio irritado: ele merece ser ofendido, porque vive criticando a opera rock *Jesus Cristo superstar* e, além disso, rasgou a revista *Manchete* no programa do Flávio da TV Tupi, só porque a *Manchete* publicou uma bela reportagem sobre essa opera rock.

– E aí, Romualdo, o que você disse?

– Respondi imediatamente. Esculhambei a reportagem, pois ela mostra Jesus como amante de Maria Madalena e os seus apóstolos como bêbados, estendidos no chão. O próprio Salomão Shvartzman, diretor da sucursal da *Manchete* em São Paulo, ao se encontrar comigo, informou-me que foi um erro do Adolpho Bloch, diretor da revista, ter permitido a publicação da reportagem, por ser esta uma ofensa aos sentimentos cristãos do povo brasileiro.

– E qual foi a reação do Ferreira Neto? – perguntei ao Romualdo.

– Ele disse que eu estava exagerando, pois a opera rock é bonita e que desconfiou, lendo a *Bíblia*, que Jesus Cristo foi de fato amante de Maria Madalena e que talvez a engravidou, gerando um, ou dois, ou três filhos com ela.

– E aí, Romualdo?

– Aí eu disse pro Ferreira que ele precisava, com urgência, fazer uma lavagem no seu cérebro cheio de merda. Ficou furioso, virou as costas e foi embora. O José Tavares de Miranda, cronista social da *Folha*, ouviu a conversa e me apoiou.

Pensei, pensei, e resolvi tomar uma decisão, após as minhas conversas com o Maurício Loureiro Gama e o Romualdo Clouset. O meu sangue é quente, mas a minha cabeça é fria, até gelada. Costumo dizer que o fogo do meu sangue, cheio de labaredas, não consegue derreter o gelo do meu cérebro. Tomei a decisão de meter um processo no Ferreira Neto, de infernizar a sua vida.

Firme como o almirante Barroso na batalha do Riachuelo, no tempo da Guerra do Paraguai, abri uma gaveta e peguei todos os textos nos quais ele me chamava de rato. E feliz, eufórico, dirigi-me ao escritório de advocacia da doutora Ester de Figueiredo Ferraz, perto do Fórum da praça João Mendes, na capital paulista. Eu havia sido aluno da Ester na Faculdade de Direito do Largo de São Francisco. Essa mestra foi a primeira mulher a se tornar reitora de uma universidade, na América Latina, e também a primeira mulher que se tornou ministra de Estado no Brasil.

Diante dela, soltei estas palavras:

– Fui seu aluno na Faculdade de Direito do Largo de São Francisco. Eu me chamo Fernando Jorge.

– Lembro-me de você, é escritor e jornalista. Quer ver uma coisa?

Ergueu-se da cadeira e foi até a frente de uma estante, de onde pegou um livro. Sem dizer nada, pôs o livro sobre a mesa. Olhei e me senti surpreso. Era a minha obra sobre o Aleijadinho. Divertindo-se com a minha surpresa, a doutora explicou:

– Comprei este seu livro, logo após saber que ele ganhou o prêmio Jabuti, conferido pela Câmara Brasileira do Livro.

Elogiou a obra e eu, lisonjeado, escrevi nela esta dedicatória:

"Para a doutora Ester de Figueiredo Ferraz, mestra do nosso Direito, seu orgulho."

Agradeceu e disse que eu havia exagerado.

Uma empregada idosa entrou na sala com uma bandeja e colocou na mesa duas xícaras, para nos servir o cafezinho. Então esclareci:

– Vim a sua presença, doutora Ester, para solicitar a abertura de um processo.

– O motivo?

– O motivo é este, ataques incessantes à minha honra, à minha dignidade, ao meu nome limpo. E quem faz isso há mais de três meses é o jornalista Ferreira Neto, da *Folha da Tarde*. Veja, doutora.

Coloquei na mesa os vários recortes com os insultos e prossegui:

– Ele não para de me chamar de rato, duas, três, quatro vezes por semana. Coloca até fotos do camundongo Mickey, do Walt Disney no meio dos textos, a fim de realçar que sou mesmo esse animal, a senhora que é uma grande mestra do Direito Penal sabe perfeitamente que o substantivo rato, aplicado a um homem, é ofensivo, insultuoso. Se alguém chama um cidadão de rato, está dizendo que ele é larápio, marginal, batedor de carteiras…

A doutora Ester começou a examinar os textos do Ferreira Neto, e fui mostrando os trechos com os ataques. Ela, enquanto lia, balançava a cabeça, de modo afirmativo. Ficou em silêncio, durante uns cinco minutos. Depois abriu obeso volume do nosso Código Penal, livrão publicado pela editora Revista dos Tribunais. Consultou algumas páginas e disse com voz bem clara:

— Não há dúvida, cabe processo.

Desejou saber por qual motivo o Ferreira não parava de me chamar de rato. Fui minucioso:

— Professora Ester, não sou santo, mas a minha fé em Cristo é sincera. Desde menino, graças aos ensinamentos da minha mãe, eu o amo e o respeito. Qualquer ofensa a ele me deixa indignado. Quando a opera rock *Jesus Cristo superstar*, de Tim Rice e Andrew Lloyd Webber, apareceu aqui no Brasil, fui vê-la e sai do teatro espumejando de ódio contra os seus autores, senti vontade de estrangulá-los, de cortar as suas cabeças e enfiá-las numa latrina cheia de m. Desculpe-me a franqueza, doutora, sob diversos aspectos sou um bárbaro, um selvagem. E quando a revista *Manchete* publicou uma reportagem asquerosa sobre a opera rock, admitindo que Jesus era o gigolô da prostituta Maria Madalena e seus apóstolos um bando de pinguços, mergulhados em permanentes bebedeiras, eu rasguei esse exemplar da revista no programa de televisão do Flávio Cavalcanti, do qual era jurado. O Ferreira Neto viu eu fazer isto e então passou a me chamar de rato, de maneira quase ininterrupta.

A advogada me ouvia com atenção, parecendo dar-me apoio. Calmo, fiz uma pausa e acrescentei, à maneira de quem encerra um assunto:

— Doutora Ester, reconheço. Sei, admito que fui muito violento, mas tal reação assumiu o aspecto de vingança contra as infâmias assacadas a Jesus Cristo. Aliás, até Deus se mostrou violento e vingativo, conforme narra a *Bíblia*, porque a fim de castigá-las, destruiu Sodoma e Gomorra na Palestina, as duas cidades da luxúria, da devassidão, do pecado, situadas no Vale do Sidim. O relato da vingança arrasadora do Todo Poderoso está descrito nos capítulos XVIII e XIX do *Gênesis*.

E sob o olhar atento da mestra, assim conclui a evocação:

— Bem sei, doutora Ester, que não sou Deus para reduzir a pó, de maneira definitiva, como Ele fez com Sodoma e Gomorra, a putrefata, a nau-sea-bun-da opera rock *Jesus Cristo superstar*, gerada sob o olhar aprovativo do demônio. Não sou Deus, mas seu filho. Deus criou o gênero humano, é nosso pai. Em consequência disso, pode também ser chamado de O Criador e de Pai Eterno.

Sorrindo, Ester de Figueiredo Ferraz assegurou:

— Você, Fernando Jorge, é um eloquente advogado de si mesmo.

Respondi de modo imediato:

— Obrigado, porém continuo a ser seu aluno. Diga-me, professora, como irá marchar o processo contra o Ferreira Neto.

Ela explicou:

— Demorado. Talvez dure mais de um ano e você terá de ir ao Fórum diversas vezes, inclusive na primeira audiência. Quem o acompanhará é o meu auxiliar, o doutor Gilberto Valençuela Magalhães. Você terá paciência?

A minha resposta foi incisiva:

— Terei muita paciência e não faço questão de ganhar nesse processo. O que eu quero é castigar o Ferreira Neto, dar-lhe uma lição, infernizar a sua vida. E logo estas coisas vão acontecer. Informaram-me que ele pretende ir à Argentina. Ora, debaixo de processo, ficará impedido de viajar para o Exterior...

Continuando a sorrir, a doutora Ester me disse, após fechar o volume do Código Penal:

— É, você é vingativo, mas admiro a sua franqueza, a sua sinceridade.

— A hipocrisia — declarei imediatamente — é a máscara fedorenta, de tecido podre, dos políticos demagogos e religiosos falsos.

Despedi-me da doutora Ester, depois de assinar alguns papéis concernentes ao processo e em pouco tempo transcorrido, compareci, junto do doutor Gilberto, à primeira audiência no Fórum da praça João Mendes.

O juiz, na pequena sala ainda sem a presença de Ferreira Neto e do seu advogado, cumprimentou-me de pé. Era bem simpático e disse, apertando a minha mão:

– Sou seu admirador. Li a sua obra sobre o Aleijadinho e gostei muito dela.

Fiquei surpreso e me veio à mente este pensamento: ótimo começo.

Decorridos alguns minutos, chegou o Ferreira Neto, acompanhado pelo seu advogado. Ferreira ostentava barriga grande, parecia a fêmea grávida de um hipopótamo, após sair, lustrosa, de lamacento rio africano. A obesidade do meu inimigo, ultravisível, estabeleceu vivo contraste com a minha magreza. Eu, fino espeto nu, ele, largo tronco de bananeira, cheio de banha e não de água. Fechou a cara, quando me viu. Diante de sua reação, fiquei alegre, feliz. Repeti baixinho, oba, oba, oba, ótimo, ótimo! Tive vontade de dizer a todos ali presentes:

– Ele está fulo, irritadíssimo, que bom! Arrebente-se, estoure de raiva!

Juro, não senti ódio. O meu sentimento, naquelas circunstâncias, era frio, despido de ardor, de paixão. Sou mais, muito mais, um cerebral do que um sentimental. Se a minha inteligência, o meu álgido senso crítico lograr me convencer a não nutrir amor ou amizade por outra pessoa, esse amor e essa amizade desaparecem do meu coração, sem nunca eu sentir a falta deles ou saudade. Só gosto de quem gosta de mim. Pago amor com amor, repulsa com repulsa, simpatia com simpatia, antipatia com antipatia. Enterro todos os traidores dos meus sentimentos no meu cemitério particular. No caso de qualquer um desses traidores desejar vir à minha presença, digo a ele, olhando os seus ossos, a sua caveira:

– Afaste-se de mim, você é um defunto, um esqueleto. Quem deu ordem para você sair do seu túmulo no meu cemitério particular?

Prossigo na descrição da primeira audiência do Fórum da praça João Mendes, relacionada ao processo contra Ferreira Neto.

O juiz ocupou sua mesa, num lugar pouco mais alto. Fixando a vista em mim e no Ferreira Neto, proferiu estas palavras, de modo bem afável:

– Os senhores são dois jornalistas, possuem a mesma profissão, na qual deve sempre haver coleguismo, solidariedade. Portanto não seria melhor encerrar tudo com um acordo, uma reconciliação?

E olhou para mim, o iniciador do processo, esperando uma resposta. Houve um suspense, como nos filmes do gorducho cineasta inglês Alfred Hitchcock. Olhei para o Ferreira e o seu advogado. Respondi calmamente, apontando o indicador da mão direita na direção do Ferreira:

— Meritíssimo, se este indivíduo pedir agora desculpas em frente da minha pessoa, confessando que se excedeu ao me chamar de rato inúmeras vezes, e declarar o arrependimento na sua coluna da *Folha da Tarde*, concordarei em não continuar a processá-lo.

O juiz fixou o olhar interrogativo no Ferreira e este, nervoso, pálido, agitado, movendo a cabeça sem parar, como se dezenas de pernilongos estivessem sugando-lhe o sangue da testa, do rosto e das orelhas compridas, gaguejou:

— Me... me... meritíssimo... não... não sou... não sou um indivíduo... sou... sou... o o o jornalista Fe... Ferreira Ne... Neto... Ele, ele me... me chamou de in... indivíduo pra... pra me humilhar!

Reagi, depressa:

— O senhor é um indivíduo e eu também sou um indivíduo. Se o chamei de indivíduo, não ofendi. Queria que o chamasse de excelência?

O juiz, todos perceberam, tapou a sua boca com a mão, a fim de ocultar o sorriso. Parecia estar divertindo-se... e voltou a perguntar, olhando o Ferreira:

— Pode haver um acordo?

Ferreira Neto, vendo que a resposta cabia a ele, agitou-se ao lado do seu advogado, o corpanzil dele parecia estar sob o efeito de descarga elétrica. Respondeu, meio trêmulo:

— Eu não posso me retratar, pedir desculpas, seria humilhar-me demais...

Olhei o juiz e enérgico, decidido, sem vacilação, emiti as seguintes palavras, quase me erguendo da cadeira:

— Meritíssimo, quem não pode se humilhar sou eu, o agredido por este indivíduo. Assim sendo, meritíssimo, peço que dê continuidade ao processo.

Nesse momento o advogado de Ferreira Neto pediu licença, ao juiz, para me fazer uma pergunta. O juiz autorizou. Eis a pergunta:

— Porque o senhor se sentiu ofendido com o fato de meu cliente chamá-lo de rato?

Retruquei:

— Diga-me uma coisa, o senhor é advogado?

Ele fez uma cara de espanto, arregalando os olhos:

— Claro que sou advogado! Se não fosse, não estaria aqui!

Insisti, calmo:

— Tem mesmo certeza que é advogado?

A cara do homem era de quem se sente escandalizado, vítima de enorme surpresa.

— Por que o senhor duvida? Por quê? Por quê?

— Estou duvidando porque um advogado deve conhecer, de maneira segura, o significado das palavras e das expressões do idioma do nosso país, a sonora língua portuguesa. O senhor nunca consultou os ricos e bons dicionários da nossa língua? Os dicionários do Caldas Aulete, do João Ribeiro, do Laudelino Freire, do Antônio Moraes e Silva, do Aurélio Buarque de Holanda Ferreira?

À medida que ia citando os nomes desses dicionaristas, o espanto aumentava na cara redonda do advogado. Tive a impressão de ver sua cara ficar cada vez mais quadrada. Se eu fosse mau, pensaria naquele momento: cara de besta quadrada… O juiz punha a mão na boca, para esconder o riso.

Olhei o defensor do Ferreira e disse a ele:

– Senhor advogado, não sei se o senhor sabe, o substantivo *rato*, aplicado a um homem, corresponde a chamá-lo de ladrão, marginal, batedor de carteiras. Acha que eu não deveria reagir, porque o seu cliente me chamou de rato inúmeras vezes? Num jornal de grande circulação? Eu sou ladrão? Eu sou batedor de carteiras? Não! Não! Sou um homem honrado, de caráter. Nunca lesei ninguém, nunca roubei, nunca dei um golpe na praça, nunca infringi qualquer dispositivo do nosso Código Penal.

Fiz uma pausa e voltei a cuspir fogo, como um tanque esmagador numa batalha:

– Outra coisa, por que o seu cliente parou de me chamar de rato na sua coluna da *Folha da Tarde*, depois que iniciei o processo contra ele? Por que ele não continua a me chamar de rato? Por quê? Se o senhor acha que não é ofensivo, não é xingamento, aconselhe o seu cliente a prosseguir, a continuar a me chamar de rato. Por que ele parou?

As minhas palavras deixaram atônito o advogado do Ferreira e o juiz, volta e meia, punha a mão na sua boca, com o objetivo de ocultar seu riso. Acredito, ele gostaria até de gargalhar...

Encerrada a primeira audiência, após a saída do juiz, do Ferreira e do seu advogado, o doutor Gilberto Valençuela Magalhães, competente advogado auxiliar da doutora Ester de Figueiredo Ferraz, voltou-se para mim e disse, cheio de entusiasmo:

— Fernando Jorge, como foi burro o advogado do Ferreira, ao fazer aquela pergunta, como foi burro! E você viu a cara do juiz? Viu como punha a mão na boca, a fim de não soltar risada? Decerto achou cretina a pergunta do defensor do Ferreira!

O processo arrastou-se por meses e meses. Eu poderia ganhar, mas não fiz questão disso, garanto. Deixei o Ferreira não ser condenado por injúria, desrespeito à honra alheia, pois só pretendia dar-lhe uma dura lição, vingar-me de maneira fria, atrapalhar a sua vida.

E consegui. Blota Júnior me confirmou que ele, desde o início do processo, vivia irritado, porque desejava ir à Argentina e o processo o impedia de viajar, de sair do Brasil.

Dois anos depois do fim do processo, devido à minha desistência, eu também estava saturado de tanto ir ao Fórum, entrei numa churrascaria. O Ferreira, ali presente, quando me viu, falou assim:

— O ar deste restaurante está fedendo.

Respondi de maneira imediata:

— Este indivíduo está com olfato muito alterado, pois confunde o cheiro dos outros com o seu próprio cheiro. Precisa ir depressa a um otorrinolaringologista.

Todos riram, até os garções, e a cara do Ferreira ficou com aspecto de bunda fedida, coberta de talco e vermes brancos, pertencente a gorducha cozinheira gulosa... Foi a minha impressão. Ouviu um xingamento e ele, a bufar, afastou-se de forma rápida, saiu da churrascaria.

— Interessante — eu disse aos que viram a cena — aqui o ar depois da saída dele, tornou-se mais puro e saudável. Que fenômeno estranho!

Novas risadas e vários cumprimentos.

* * *

Gumercindo Fleury, jornalista de *A Gazeta*, da qual fui colaborador, transmitiu-me a seguinte informação na sede do prédio do periódico, situado na avenida Cásper Líbero:

– O Ferreira Neto atacava você porque o seu grande sonho era tornar-se colunista da *Manchete*. Quando você, na televisão, como jurado do Flávio Cavalcanti, rasgou aquele exemplar dessa revista, por causa da sua nojenta reportagem sobre a opera rock *Jesus Cristo superstar*, gerada pela dupla de blasfemos Tim Rice e Andrew Lloyd Webber, o senhor Ferreira Neto achou que esculhambando Fernando Jorge, defenderia a *Manchete*, obtendo assim a eterna gratidão do seu dono, o búlgaro Adolpho Bloch.

Comentei, depois de ouvir o Gumercindo:

– Isto significa que o Ferreira Neto não se indignou ao ver Jesus Cristo ser difamado na reportagem da revista. Aceitou o achincalhe, com a esperança de se tornar colunista do semanário.

Sentença do meu colega Gumercindo Fleury:

– Raciocínio correto, irreprochável.

E eu, sorridente:

– Gostei do *irreprochável*, sinônimo de *perfeito*.

Cidinha Campos, e não eu, caiu na armadilha que ela montou para me derrubar

No auge da minha campanha, como jurado de televisão, contra a opera rock *Jesus Cristo superstar*, difamatória da figura do Nazareno, eu soube que a Cidinha Campos queria me entrevistar no seu programa *Cidinha em acão*. Esse programa era apresentado todas as quintas-feiras, em horário nobre, pela TV Tupi, e dirigido por Moisés Weltman, da revista *Amiga*. Ia ao ar às 20h30, em todos Estados do Brasil.

Como não sou burro, modéstia à parte, eu pensei, antes de aceitar o convite da produção: essa entrevista deve ser uma armadilha, a fim da Cidinha Campos me apresentar de forma ridícula, com a imagem de um animal, de um desequilibrado, de um louco, em suma.

As minhas críticas incessantes à opera rock *Jesus Cristo superstar*, transformaram-me em alvo das piadas, das gozações, das esculhambações do maluco Carlos Imperial, do caricaturista Jaguar, do *Pasquim*, do colunista Eli Halfon, da *Última Hora*, do jornalista Ferreira Neto, da *Folha da Tarde*, periódico da cidade de São Paulo.

Eu tinha absoluta certeza, a Cidinha Campos, entrevistando-me, vai querer ridicularizar-me, mas ela não me conhece, não aceito humilhações de qualquer tipo, saberei reagir, de maneira inteligente, sem me mostrar irado. E acrescentei ao meu pensamento: se ela pensa que vai me gozar, está redondamente enganada, quem vai gozá-la sou eu, Fernando Jorge, macho de cabeça fria e sangue quente. O fogo do meu sangue nunca consegue derreter o gelo do meu cérebro.

Firme, tranquilo, aceitei o convite da produção do programa *Cidinha em ação*. Fixei este pensamento no meu cérebro gelado: essa mulher irá ter certeza absoluta de uma coisa, sou muito perigoso.

No dia marcado compareci ao estúdio da TV Tupi, na Urca, onde a minha entrevista seria gravada.

Eu não conhecia pessoalmente Cidinha Campos. Ela me recebeu de cara fechada e não retribuiu o meu cumprimento. Logo compreendi que a pobre moça queria me intimidar, assustar-me! Infeliz! Eu, à sua frente, estava frio e impassível como uma barra de gelo... E raciocinei com os meus botões: "vai ser uma pândega! Vou me divertir à beça!"

As luzes dos refletores se acenderam e a entrevista começou a ser gravada. Cidinha voltou-se para mim e perguntou:

– Fernando Jorge, você foi uma criança normal? Você gostava de comer amendoim, de comer pipoca, de cabular as aulas, de brincar, de ir ao circo?

A minha resposta foi rápida e incisiva:

– Sim. Fui uma criança como as outras. Também gostava de tudo isso.

Cidinha insistiu:

– Mas foi mesmo?

Eu retruquei:

– Você não ouviu direito?

Ela tornou a dizer:

– Mas tem certeza que você foi mesmo uma criança normal?

Aí eu me enfezei e com a maior segurança respondi:

– Olhe, você está querendo me apresentar como um monstro, como um anormal, como uma aberração da natureza. No entanto você está muito iludida se pensa que consegue me ridicularizar!

Ela ficou tonta e protestou vivamente:

– Não, você está enganado!

Eu voltei à carga:

– Você pensa que sou imbecil? Que eu não sou psicólogo? Eu sei qual é o seu plano!

– Não, você está desconfiado! É que dizem por aí que você é louco, tão louco como o Pedro de Lara!

– Ah, é? Dizem isto? Se defender a integridade da família e as nossas tradições cristãs é ser doido, neste caso eu sou maluco com imenso orgulho!

O auditório em peso me aplaudiu e Cidinha começou a ficar nervosa, perturbada.

Neste momento entrou o Pedro de Lara, que se sentou ao meu lado. Então eu disse em voz bem alta:

— Ouça, Cidinha, se você julga que vai divertir-se à minha custa, você está redondamente enganada! Porque quem está se divertindo à sua custa sou eu! Por dentro estou soltando gargalhadas!

O Pedro de Lara pulou da cadeira e com gestos frenéticos, agitando-se como se estivesse sendo picado por marimbondos, expeliu um jorro de parvoíces:

– Este tal de Fernando Jorge é um ditador! É um Hitler! É por isso que o nome dele é de origem germânica! É um megalomaníaco!

E o Pedro de Lara esbravejava, os seus cabelos rebeldes caíam-lhe na testa curta, o suor escorria-lhe no rosto congestionado...

Diante desta cena enormemente ridícula, que estava sendo gravada em *vídeotape*, eu não me contive e comecei a rir à vontade. E depois de gargalhar muito, acrescentei:

– Mas que espetáculo! Como estou me divertindo! Que palhaçada! Reencontrei o circo da minha infância!

Cidinha não sabia mais o que fazer e o Pedro de Lara continuava a esgoelar-se, a estorcer-se, enquanto o auditório parecia estar em ebulição. Dir-se-ia que uma bomba de gás lacrimogêneo havia rebentado no estúdio. Então voltei-me para a Cidinha e indaguei, com voz bem nítida e tranquila, a fim de que todos pudessem ouvir-me:

– Ô Cidinha, por que você não dá um calmante para este infeliz? Seria bom ele tomar um chá de erva-cidreira!

O auditório explodiu em gargalhadas e os dois, Pedro de Lara e Cidinha Campos, estavam cada vez mais nervosos, cada vez mais atrapalhados!

Mas ela tentou mais uma vez me ridicularizar:

– Fernando Jorge, descreva um dos seus sonhos para o Pedro de Lara interpretar.

Eu não me fiz de rogado e comecei a recitar aquele célebre soneto de Antero de Quental à Virgem Santíssima, poesia que começa assim:

*"Num sonho todo feito de incerteza,
De noturna e indizível ansiedade
É que eu vi teu olhar de piedade
E (mais que piedade) de tristeza...*

*Não era o vulgar brilho da beleza,
Nem o ardor banal da mocidade...
Era outra luz, era outra suavidade,
Que até nem sei se as há na natureza..."*

E eu já ia declamar o primeiro terceto, quando Cidinha me interrompeu:

— Eu já sei! Eu já sei! Este poema do Manuel Bandeira é muito conhecido! Quem não conhece este poema do Manuel Bandeira?

E ela repetiu várias vezes a expressão "poema do Manuel Bandeira". Eu atalhei:

— Poema do Manuel Bandeira, Cidinha? Mas que erro lamentável! Você precisa ler mais, Cidinha, você precisa adquirir mais cultura!

Ela perguntou, surpresa:

— Como assim?

Expliquei:

— Primeiro de tudo, o que eu recitei não foi um poema, foi o início de um soneto, que é uma composição poética de quatorze versos, dispostos em dois quartetos e dois tercetos. O poema tem maior extensão... Segundo: a poesia não é do Manuel Bandeira e sim do grande poeta português Antero de Quental, denominado o "Rouxinol de Ponta Delgada", autor das *Odes Modernas* e das *Primaveras Românticas*.

O auditório desfechou uma gargalhada estrondosa. Havia um cidadão imponente e barbaçudo na primeira fila que ria tanto que me deu a impressão de ser um Júpiter galhofeiro, ouvindo contar anedotas no Olimpo. Cidinha Campos ficou completamente desconcertada, vermelha de vergonha, e acabou perdendo todo o seu controle. Desesperou-se e investiu contra o Moisés Veltman, produtor do programa:

— Você viu o que me arrumou? Você viu o resultado? Eu não fico mais aqui, não vou continuar!

E furiosa, batendo os pés, retirou-se do estúdio…

Tudo isto se gravou em *vídeotape* e a Cidinha Campos depois exigiu que esta entrevista não fosse levada ao ar. Mas não adiantou nada: com exceção de São Paulo, foi apresentada em todo o Brasil, em várias emissoras de TV.

E como quero que os paulistas se divirtam como eu me diverti, fiz aqui uma fiel descrição de tudo o que aconteceu com a minha pessoa no programa da Cidinha Campos. A apresentadora caiu na armadilha por ela feita, para me derrubar. Até hoje, quando me lembro disso, rio sozinho. Ai, ai, como sou mau!

Jesus, no ano de 2014, continuou a ser difamado na opera rock *Jesus Cristo superstar*

Sempre fui inimigo de todos os tipos de censura, de restrição à liberdade de pensamento. *O Estado de S. Paulo* publicou há pouco tempo a minha entrevista concedida ao repórter Moacir Assunção, por estar esse jornal proibido de divulgar qualquer fato referente à Operação Boi Barrica, da Polícia Federal, efetuada em torno dos negócios do empresário Fernando Sarney, filho de José Sarney. Título da entrevista:

"Censura é medida fascista, diz escritor".

Por ser inimigo de todos os tipos de censura, admiro muito os jornalistas de talento que se mostram corajosos, independentes, como o Mino Carta, o Hélio Fernandes, o Sebastião Nery, o Marcos Caldeira Mendonça. Isto não significa, porém, deixar de condenar o erro, a injustiça, a safadeza. Há crítica e há injúria. Eu critico, não xingo, se digo que alguém é canalha.

Quando, pela sétima vez, o Amaury Jr. me entrevistou no seu programa de televisão, chamei de canalha o Dan Brown, pois no livro *O Código Da Vinci* ele descreveu Jesus Cristo como um revolucionário judeu que engravidou Maria Madalena e esta, depois, fugiu para o sul da França. Sinval de Itacarambi Leão, diretor da revista IMPRENSA, achava-se presente e depois me criticou:

– Fernando, você, como jornalista, não pode chamar ninguém de canalha.

Respondi, tranquilo:

– Sinval, eu, como jornalista, não chamei o Dan Brown de canalha. Eu o chamei de canalha como cristão.

Agora a opera rock *Jesus Cristo superstar*, de Andrew Lloyd Weber e Tim Rice, volta a ser apresentada no Brasil, em nova montagem, com direção de Jorge Takla. Desde a época em que fui jurado de televisão, no programa do Flávio Cavalcanti, eu não paro de meter o pau nessa peça, autêntico achincalhe à figura de

Jesus, onde nela este é amante de Maria Madalena, os apóstolos aparecem como bêbados, a Madalena a lhe fazer massagens eróticas, a cantar "para adormecer o seu macho".

Judas, nessa infâmia, interpretado por Alírio Netto, surge de maneira simpática, esculhambando o Salvador. Ele, Jesus, interpretado pelo ator Igor Rikli, é visto no palco de peito nu, de calça **jeans** arriada, quase a exibir o seu órgão genital. Quanta sordidez! Espetáculo nojento, tão asqueroso como contemplar numa sarjeta, a apodrecer sob os raios escaldantes do sol, um rato coberto de frenéticos vermes cor de pus.

A *Folha de S. Paulo* publicou um anúncio enorme, no qual o ator Igor Rikli ostenta o largo peito nu, o umbigo bem saliente, a calça **jeans** quase caindo, prestes a colocar a sua genitália em frente dos nossos olhos. Esse anúncio informa que o Ministério da Cultura está patrocinando a blasfêmia contra Jesus Cristo. Sim, pura verdade, a peça foi autorizada a captar R$ 5,7 milhões do ministério, pela Lei Rouanet (*Folha de S. Paulo*, 26-2-2014).

Com o apoio da Associação Sagrado Coração de Jesus, a Associação dos Devotos de

Fátima pediu o fim do financiamento da peça difamatória. Texto da petição:

"Não é lícito ao Estado laico violentar barbaramente a fé de milhões de pessoas, promovendo, com o dinheiro dos contribuintes, o evento blasfemo..."

Palavras justas, corretíssimas. Respondendo, o Ministério da Cultura expeliu uma desculpa chocha, anêmica: a opera rock *Jesus Cristo superstar* se enquadra como "espetáculo teatral". É, ministra Marta Suplicy? Enxovalhar Jesus pode ser espetáculo teatral para os canalhas, mas não para mim e para todos que amam Jesus, que o respeitam, que veem nele a luz imorredoura das almas, "o caminho, a verdade e a vida".

Indicado pela Arquidiocese de São Paulo para falar sobre a peça imunda, o padre Tarcísio Marques Mesquita, da paróquia Nossa Senhora do Bom Parto, assim se manifestou:

"O musical faz uma atualização da imagem de Cristo, mas é uma ficção que deve ser lida como tal. Obras como esta, que trazem questionamento sobre a fé, nos ajudam a amadurecer".

Esse padre defecou pela boca duas fedidas besteiras. A imagem de Jesus não precisa de atualização, de se modernizar. A face de Cristo é imutável. Sua mensagem é única, eterna, rompe as dimensões do tempo. Peças como essa opera rock não trazem questionamento, trazem achincalhamento ao Mártir do Calvário; à nossa fé, ao nosso amor santo por aquele cujo reino não é o reino material deste mundo.

Padre Tarcísio Marques Mesquita, o senhor é padre de Deus ou é padre de Satanás? Se é padre do Coisa Ruim, submeta-se a uma operação cirúrgica para ter pés de bode, focinho de porco, rabo de macaco, dentes de piranha. Berre, após a operação, como um caprino, ronque como um suíno, guinche como um símio, devore como um peixe predador. Tire antes a sua negra batina, se a usa, e a substitua por uma vermelha capa com cheiro de enxofre.

Ex-ministra Marta, eu indago: a senhora dirigiu o Ministério da Cultura Diabólica? Se dirigiu, continue a dar apoio financeiro à peça *Jesus Cristo superstar*, agressão a Cristo em forma de opera rock, e não deixe também de financiar outra edição de *O Código Da Vinci*, do nauseabundo Dan Brown, e mais uma edição dos *Versículos satânicos,* do não menos repulsivo Salman Rushdie, livro onde ele inventou que o profeta Maomé escreveu, transmitidos pelo Beiçudo, numerosos versículos do *Alcorão,* e que as putas de um bordel eram suas esposas.

Ah, mais um conselho, dona Marta Suplicy. Mande incendiar o seu ex-ministério, a fim de satisfazer o Bruxo do Inferno. Ele, o Maldito, ao ver o fogo, as altas e vorazes labaredas, vai sentir-se feliz, gargalhar e admitir:

– O ex-ministério da Marta é digno deste fogo, destas chamas, porque patrocinou a minha querida opera rock *Jesus Cristo superstar*...

Antes de criticar a Marta, por causa da opera rock, eu a deixei muito sem jeito num programa de televisão

É verdade, amigo leitor, a Marta Suplicy não gostou de mim. Vou explicar o motivo. Quando ela foi candidata a prefeita de São Paulo pela segunda vez, a produção do programa *Resumo da Ópera*, dirigido pelo excelente comunicador Fernando Mauro e apresentado todas as sextas-feiras pela TV Aberta, Canal 9, das sete às oito da noite, convidou-me para ser um dos seus entrevistadores. Aceitei o convite.

Além de minha pessoa, mais três jornalistas compareceram, a fim de formular perguntas à candidata. Programa ao vivo, com grande audiência. Fernando Mauro é um comunicador nato, muito simpático, inteligente. Ele sabe conduzir o *Resumo da Ópera* de maneira firme, imparcial, e prender a atenção dos telespectadores.

Marta Suplicy se sentou a pouca distância do mediador. Ela estava vestida de forma discreta, mas notei que os seus pés, calçados com sandálias brancas, achavam-se empoeirados, não vou dizer sujos. Ao ver o meu olhar fixo nos seus alvos pés, ela os escondeu. Decerto, na sua campanha eleitoral, frequentava os bairros da periferia, andando por ruas sem calçamento. Não era falta de higiene…

Os meus companheiros, no programa, lançavam as perguntas e Marta Suplicy respondia, desembaraçada. Tendo chegado a minha vez, o Fernando Mauro avisou-a, em tom de brincadeira:

– Cuidado com ele, o Fernando Jorge é especializado em pegadinhas.

Tranquilo, soltei estas palavras:

– Senhora Marta Suplicy, a senhora é candidata a prefeita da cidade de São Paulo e não ignora que quem concorre a um cargo público, como é o seu caso, deve sempre falar a verdade. Então, por favor, diga-me em qual fonte se baseou para declarar que hoje, em todo o Brasil, não existe uma só família onde alguém não esteja separado, ou o pai de um filho, ou a esposa de um marido, ou um irmão de um irmão etc. A sua afirmativa foi publicada pela revista *Veja – São Paulo*, há duas semanas.

Algo nervosa, Marta Suplicy respondeu:

— Ah, meu Deus, nem é preciso citar nenhuma pesquisa! Isto é do conhecimento geral! Todo mundo sabe!

Repliquei, de modo sereno:

— Desculpe-me, mas se não citar a fonte na qual se baseou para declarar que hoje, em todo o Brasil, de sul a norte, de leste a oeste, não existe uma única família onde alguém não esteja separado, então a senhora generalizou, a sua afirmação não corresponde à verdade.

Marta Suplicy fitou-me com os seus olhos em chamas e a resposta veio rápida:

— Ah, meu Deus, o senhor é teimoso! Repito, isto é do conhecimento geral!

Voltei à carga:

— Senhora Marta Suplicy, sou amigo de mais de quarenta famílias e em nenhuma delas alguém está separado. Desculpe-me, a senhora generalizou.

Atrás da candidata, o meu caro amigo Fernando Mauro juntou as palmas das mãos, como que implorando para eu me conter.

Um companheiro do programa lançou a seguinte pergunta:

— A senhora tem mais alguma ambição política, além desta, de ser eleita prefeita de São Paulo?

Resposta da candidata:

— Não, não tenho mais nenhuma outra ambição política. Só quero ser eleita prefeita de São Paulo para ajudar esse povo sofrido, martirizado, que vive penando nos pontos de ônibus. Prometeram a esse povo querido mais de dez corredores de ônibus e até agora não lhe deram nenhum. Eu prometo, vou dar a ele mais linhas de ônibus e corredores novos.

Interrompi as palavras da candidata:

— A senhora me desculpe, mas está havendo aí, uma incoerência, um paradoxo.

Com os olhos novamente em chamas, Marta Suplicy interrogou:

— Como assim? Que incoerência?

— A senhora tem mais uma ambição política, além de ser eleita prefeita de São Paulo.

— Não compreendo!

— A senhora, há pouco tempo, concedeu uma entrevista ao jornal O Globo do Rio de Janeiro e assegurou, nessa entrevista, que vai ser no Brasil a primeira mulher a se tornar presidente da República. Portanto, a senhora alimenta uma ambição política ainda maior.

Procurando manter-se calma, Marta Suplicy me contestou:

— Ah, meu Deus, o senhor implicou comigo, resolveu pegar no meu pé!

Tive vontade de lhe dizer:

— Não quero pegar no seu pé, porque ele está muito empoeirado.

Ela começou a explicar:

— Eu disse de fato que ia ser a primeira mulher a se tornar presidente da República no Brasil, porém em outra circunstância, pois agora estou apoiando, com o Lula, a candidatura da minha amiga Dilma Rousseff.

Respondi, sempre calmo:

— Perdoe-me, o nome da Dilma já havia sido divulgado, quando a senhora afirmou que ia ser a primeira mulher no Brasil a alcançar a presidência da República. Posso provar isto, guardo no meu arquivo a sua entrevista com a respectiva data.

Um pouco exaltada, Marta Suplicy não se conteve:

— É, não há dúvida, o senhor resolveu implicar comigo!

Tratei logo de responder:

Marta Suplicy

– Em absoluto! Não tenho nada pessoalmente contra sua pessoa. E tanto é verdade, que eu já a defendi!

– O senhor me defendeu?

– Defendi-a na página 98 do meu livro *Vida e obra do plagiário Paulo Francis*, publicado pela Geração Editorial, pois ele, o Francis, desrespeitou a senhora no texto aparecido em novembro de 1992 no jornal *O Estado de S. Paulo*. Texto repleto de sentido erótico.

– Eu não soube disso.

– Vou enviar-lhe o meu livro contra o Paulo Francis, onde a defendo. E também a defendi num artigo publicado em agosto de 2005 na revista *Imprensa*, pois o jornalista Marcelo Coelho chamou-a de **perua** na revista *Veja*. Ora, segundo o dicionário *Aurélio*, um dos significados do substantivo **perua** no sentido chulo é meretriz. Critiquei o Marcelo, salientando que nunca é elegante chamar uma senhora de perua, porque esta palavra se aplica a uma prostituta ou a uma mulher de aparência e comportamento exagerados.

E conclui, como quem encerra uma premissa:

— Assim sendo, é fácil deduzir que venho agindo, em relação à senhora, com inegável imparcialidade.

Após o fim do programa, um pouco mais amistosa e sorrindo de leve, Marta Suplicy me disse:

— Sabe de uma coisa? Eu devia lhe dar um puxãozinho de orelha...

As mentiras fedorentas do livro *O Código Da Vinci*

Obedecendo ao firme objetivo de difamar Jesus Cristo no romance *O Código Da Vinci*, o americano Dan Brown garantiu: é perfeita "a premissa fundamental" do livro *Holy Blood, Holy Grail* (*O Santo Graal e a linhagem sagrada*). Nessa obra de Henry Lincoln, Richard Leigh e Michael Baigent, publicada em 1982, Jesus Cristo aparece como um revolucionário judeu que forjou a sua própria crucificação, teve filhos com Maria Madalena e fugiu para o sul da França. A opinião de Dan Brown está no capítulo 60 de *O Código Da Vinci*. Portanto, ele não alimenta a menor dúvida, Jesus fez mesmo isto. Dan endossou a infâmia dos três autores acima citados.

Reparem como ele usou um truque sujo. Quis denegrir Jesus Cristo, mas não de ma-

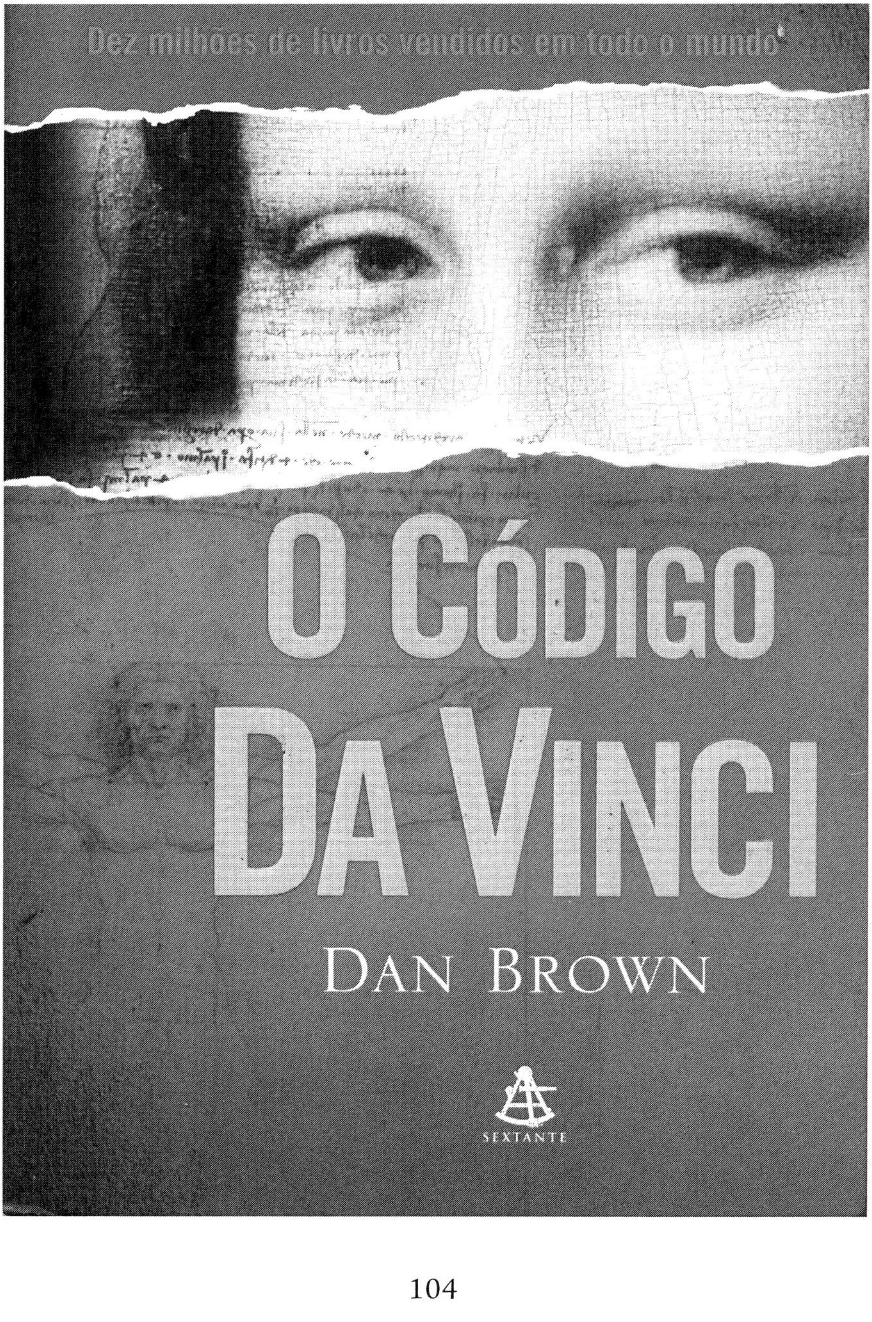
Dez milhões de livros vendidos em todo o mundo
O Código
Da Vinci
Dan Brown
Sextante

neira direta. Valeu-se então, covardemente, da obra *Holy Blood, Holy Grail*. Apoiou esta nojentíssima calúnia encerrada no livro: o Salvador inventou que havia sido crucificado, fugiu da Palestina e engravidou Maria Madalena!

Na ânsia de macular a imagem de Jesus, esse sujeito torpe divulgou, no capítulo 60 de *O Código Da Vinci*, outra versão dessa história cretina: esperando um filho de Jesus, a suave Maria Madalena fugiu da Terra Santa, com a ajuda de José de Arimatéia, e lá na França deu à luz uma menina, chamada Sara.

Todas estas blasfêmias são expostas sem a apresentação de qualquer prova. O livro *O Código Da Vinci* é um amontoado de mentiras fedorentas, vomitadas pela boca imunda de Dan Brown.

Mentira fedorenta na página 220, da edição brasileira lançada pela Editora Sextante: Jesus era "enigmático". Que absurdo! Se ele era "enigmático", nunca o entenderam. Ora, com as suas palavras claras, inteligíveis, maravilhosas, Jesus foi, ainda é, e sempre será o "Caminho, a Verdade e a Vida".

Mentira fedorenta, na mesma página 220: o imperador Constantino I, o Grande (306-337 aC), compôs a *Bíblia*, manipulou-a. Exiba a prova, Dan Brown, exiba!

Mentira fedorenta, na página 231: a Igreja difamou Maria Madalena. Você é que é um difamador, Dan Brown. A Igreja apenas aceita os textos da *Bíblia* sobre Madalena. No Evangelho de São Marcos, por exemplo (capítulo 16, versículo 9), Jesus se coloca na frente dessa piedosa mulher, após ter ressuscitado.

Em suma, *O Código Da Vinci* é um excremento literário do difamador Dan Brown, onde os erros, as fantasias loucas, merecedoras de camisas-de-força, pululam como os vermes famintos de um rato morto, todo coberto de verdes moscas-varejeiras, a apodrecer numa sarjeta sob os raios do sol.

Quem deve admirar muito o Dan Brown é uma fulana da capital da Escócia, chamada Marcella. Ela é idêntica ao Dan, pois defeca também pela boca. Aliás, mais pela boca, da qual jorra ininterruptas torrentes de merda...

* * *

Implico, não complico e explico.

Li a entrevista que a "teóloga" Marcella Althaus – Reid concedeu à repórter Eliane Brum, da revista *Época*, e fiquei chocado. Nascida em Rosário, na Argentina, a senhora Marcella leciona Ética Cristã e Teologia Prática na Universidade de Edimburgo. Verborrágica, embrulhona, ela adora a confusão, a complicação, o excesso de palavras inúteis. Lá na Escócia publicou dois livros caóticos, *Indecent Theology* ("Teologia Indecente") e *The Queer Good* ("O Deus Gay"). Nessas obras, a autora defende a tese de que a teologia precisa resgatar a sexualidade! Vejam o disparate. Ciência que trata de Deus, a Teologia não tem nada a ver com os problemas da sexualidade humana.

Marcela é obcecada por sexo. Propõe uma teologia "sem roupas íntimas", isto é, nua, bem peladinha. Sua *Indecent Theology*, segundo afirmou, corresponde a "levantar as saias de Deus". É tão obcecada por sexo, essa senhora de fisionomia maltratada pelo tempo, que ela vomitou a seguinte besteira, registrada por Eliane Brum:

"A *Bíblia* está cheia de metáforas sexuais. O Cristianismo vem de uma metáfora sexual – um Deus que tem amores com uma mulher e dessa relação amorosa nasceu Cristo. Sai tudo de uma matriz sexual que querem sempre dessexualizar.".

Vamos corrigir a besteira. Primeiro, não é a *Bíblia* que está repleta de metáforas sexuais e sim a cabeça da Marcela. Segundo, Deus não se casou com a Santíssima Virgem e sim José, carpinteiro por profissão (Mateus, capítulo 1, versículo 18; Lucas, capítulo 3, versículo 23).

Essa "teóloga" trapalhona não aceita a imagem do "Deus perfeito", dotado de "sabedoria suprema". Para ela, o Criador comete erros e também é paIhaço! Leiam estas suas palavras absurdas:

"Falo de um deus que abre seu armário e diverte seus amigos, dizendo 'Agora sou Marlene Dietrich.'"

Quanta idiotice! A senhora Marcella devia ter vergonha na cara, a fim de não espalhar esta blasfêmia: fazer o Todo Poderoso imitar a atriz alemã cujas longas pernas esculturais, cobertas por uma meia preta, apareceram

...m destaque no filme "Der Blaue Engel" (*O Anjo Azul*), dirigido em 1930 pelo vienense Josef von Sternberg.

Mais adiante, na entrevista concedida a Eliane Brum, a nossa "teóloga" declarou:

"... quero reivindicar um Deus que é marginal. Sou indecente, graças a Deus"

Admire este disparate, amigo leitor, um Deus traficante de drogas, um Deus Fernandinho Beira Mar! É necessário corrigir outra vez a senhora Marcella Althaus – Reid: ela não é indecente, graças a Deus, e sim graças ao diabo!

Sempre obcecada pelo sexo, a "notável teóloga" voltou a abrir a torneira do seu interminável besteirol. Aí vai uma de suas cretinices:

"Que sabemos da sexualidade de Jesus? Nada. O que dizem os Evangelhos? Dizem que foi circuncidado... Então, por que não assumir que Jesus teria outra sexualidade? E qual teria sido? Busco elaborar um Bi-Cristo."

Ah, prezado leitor, o Nazareno não merece isto, ser crucificado outra vez! E agora por essa criatura que quer transformar a Teologia numa pornografia. Juro, o Salvador não merece isto!

Incapaz de se libertar da sua obsessão pelo sexo, a "teóloga" fez a sua cabeça de miolos enfermos gerar outra blasfêmia fedorenta:

"Estou convencida de que a Igreja tem um falo (órgão sexual masculino) muito grande e, ao mesmo tempo, tem uma base homossexual muito grande".

Mundo imundo! Incrível! Marcella Althaus – Reid é professora de Teologia da Universidade de Edimburgo. Pobre Teologia, pobre universidade! Ela leciona Ética Cristã. Como pode lecionar ética cristã quem não tem ética cristã? Mundo imundo! Ficaria bem mais limpo sem a presença dessa pornógrafa, dessa ofensora de Deus, de Jesus Cristo, dos católicos, dos protestantes, dos evangélicos, dos espiritas, dos fiéis leitores da nossa santa, querida e maravilhosa *Bíblia*.

Acredito, Marcella deve ter lido e adorado o livro *O Código Da Vinci*. Ambos são de idêntica natureza, ela e o livro. Perfeitamente iguais, como duas matérias putrefatas da mesma cor e do mesmo tamanho.

Marcella causa-me ânsia de vômito. O diabo já deve ter reservado uma sala especial para ela, lá no Inferno, onde ele a espera com um comprido ferro em brasa na mão, a fim de espetá-la naquela sua murcha parte traseira, chamada vulgarmente de bumbum...

Bem antes da imunda Marcella, três imundos escritores insultaram Cristo. Refiro-me a Richard Leigh, Henry Lincoln e Michael Raigent. Os três, no livro *Holy Blood, Holy Grail*, publicado em 1982, descrevem Jesus como um revolucionário inescrupuloso, que forjou a "lenda" da sua crucificação e fugiu com Maria Madalena para o sul da França, como já informei.

Eu acredito, juro: Richard e Michael também estão sendo aguardados lá no Inferno, pelo impaciente Rabudo. Este vai enfiar longuíssimos ferros em brasa no bumbum dos três. Ferros que sairão nas suas cabeças, enquanto uma negra e sufocante fumaça se evolará dos seus corpos assados como churrasco...

A última canalhice infligida a Jesus Cristo se acha no livro *O Código Da Vinci* do espertalhão norte-americano Dan Brown. Lançada em março de 2003, mais de 15 milhões de exemplares dessa obra já foram vendidos. Sem apresentar nenhum documento idôneo, o vigarista Dan Brown quer provar que a Igreja Católica foi fundada sobre uma mentira, em relação à vida de Jesus, porque o filho de Deus se casou com Maria Madalena, fugiu da Palestina e teve filhos!

O sucesso do livro *O Código Da Vinci* me convenceu de uma coisa: a humanidade não presta. Qualquer escritor que consiga inventar uma história falsa e engenhosa sobre Cristo, poderá lançar um livro capaz de lhe render milhões de dólares. E aos que negam a existência histórica de Jesus, eu afirmo: a *Bíblia* é por si mesma um autêntico documento histórico da existência do Salvador. Os Evangelhos são coincidentes. Respondam-me, ateus: o Cristianismo surgiu do nada? Existe o efeito sem causa?

Antes que me esqueça: o Pé-de-Gancho, lá do Inferno, também já preparou outro ferro em brasa, para o enfiar na fofa ou dura região glútea do blasfemo Dan Brown, autor do conto-do-vigário *O Código Da Vinci*.

Os insultos a Deus na opera rock *Jesus Cristo superstar* e no livro *O Código Da Vinci* de Dan Brown estimularam os seus difamadores a difamá-lo ainda mais. É a tese que sustento neste livro. Verdade pura, cristalina, irrefutável. Convenci-me disso ao ler, cheio de nojo, as blasfêmias assacadas contra Jesus e sua mãe, Nossa Senhora, inseridas na revista *Mundo Estranho*, distribuída em todas as bancas de jornais do território nacional.

O texto infame, nauseabundo, idêntico ao vômito branco e podre de uma cadela sifilítica, acentua com o mais absoluto descaramento:

"... ele (Jesus) teria matado um coleguinha que esbarrara em seu ombro. Também deixava cega as pessoas que corriam até os seus pais para reclamar dele. Nesses casos, Maria dava bronca no menino."

Incrível, o autor dessa imundice nos apresenta um Jesus irritadiço, violento, temperamental, assassino frio, capaz de matar homem ou mulher devido a simples esbarrão! Um Jesus odiado, desequilibrado, tão cruel, tão impiedoso que cegava as pessoas! Maria, sua mãe, vivia reprovando a conduta do filho, mau menino, perfeito monstrinho sádico...

A diarreia sem penico do autor desse texto infecto, provavelmente um ateu cínico, descarado, prossegue assim:

"Existem na *Bíblia* sinais de que Cristo rejeitou a mãe e os irmãos e foi perseguido pela família. Jesus chegou a dizer uma frase famosa, quando ela levou os outros filhos para conversar com ele. 'Quem são minha mãe e meus irmãos?' Sinal de que não se entendia bem com Maria".

Amigo leitor, quanto absurdo! O fulano do texto deturpou a frase simbólica, proferida pelo Verbo Divino, à maneira de quem pega uma rosa loura e a escurece com um escarro. Segundo o capítulo 12 do Evangelho de São Mateus (versículos 46, 47, 48, 49 e 50), Jesus, certa vez, falava ao povo e alguém lhe disse que sua mãe e seus irmãos queriam vê-lo, conversar. Então o Salvador indagou:

"Quem é minha mãe e quem são meus irmãos?"

Após proferir tais palavras, Jesus estendeu a mão, apontando os discípulos, e garantiu:

"Eis a minha mãe e meus irmãos, porque qualquer que fizer a vontade de meu Pai celeste, esse é meu irmão e minha mãe".

Portanto se torna bem claro, a frase de Jesus é mesmo simbólica, pois no plano espiritual ele via os fiéis seguidores de Deus como sua família. O autor do texto asqueroso não quis citar esta sutileza, alterou o sentido da frase, difamou Jesus Cristo .

O epigramista inglês Charles Caleb Colton (1780-1832), no capítulo II do livro *Lacon*, publicado em 1820, salienta que a calúnia sempre deixa num pior lugar o caluniador e nunca o caluniado (*Calunny makes the calumniator worse, but the calumniated never*). De pleno acordo. E conheço o lugar onde permanece agora o caluniador de Jesus Cristo e da Virgem Santíssima: jaz no fundo de uma latrina fedida, antes do puxamento da descarga.

Essa infâmia da revista *Mundo Estranho*, arremessada em cima de Jesus e Nossa Senhora, como um jato de matérias podres, trouxe à minha memória uma expressiva frase da *Bíblia*:

"A sabedoria não deixará sem castigo o blasfemador pelo crime dos seus lábios".

Mais um absurdo. Dan Brown, o blasfemador de Cristo, escreveu um livro para crianças, intitulado *Sinfonia dos animais*, onde disserta sobre os bichinhos das florestas e dos mares. Obra com melodias compostas pelo próprio Dan Brown. Que lindo!

Jesus Cristo amou muito as crianças e, devido a isso, Dan resolveu produzir um livro para elas.

Acabei de soltar uma imensa mentira, provida de cabeça de tamanduá, rabo de onça-pintada, chifres de búfalo africano e pernas de avestruz, coberta de teias de aranha, percevejos, piolhos e vermes cor de pus. Mentira monstruosa, teratológica. Cruz-credo, preciso me benzer...

Sim, expeli imensa mentira ao informar que Dan Brown, inspirado no amor de Jesus pelas crianças, escreveu um livro para elas. Ora, um difamador de Jesus, como o Dan, não se inspira nas palavras do Salvador, inspira-se nas ações do diabo.

Cinco provas históricas da passagem de Jesus por este mundo

Reafirmo: a opera rock *Jesus Cristo superstar* e o livro *O Código Da Vinci*, de Dan Brown, contribuíram muito para estimular os céticos, os agnósticos, os ateus, a negar até a passagem de Jesus por este mundo. Vou dar um ótimo e eloquente exemplo.

Eu li no número 450 da revista *Época* as seguintes linhas de Hildeberto Aquino:

"Jesus é a maior ilusão da humanidade, à custa da qual oportunistas se locupletam. De sua efetiva existência, não há uma só prova cabal, científica, irrefutável. Tudo se resume a intencionais conjecturas com o propósito de iludir e oprimir os incautos e deles sugar até a última gota de consciência… e de dinheiro".

Para o Hildeberto Aquino, portanto, Jesus é uma criação dos vigaristas. Um personagem inventado por alguém que apenas quis causar a alienação de todos nós e arrancar dinheiro dos crédulos, dos ingênuos, dos trouxas... Hildeberto pertence à família dos "Novos Ateus", da qual fazem parte o filósofo americano Daniel Dennet e o zoólogo britânico Richard Dawkins. Ambos, em 2006, lançaram manifestos dedicados a contestar a existência de Deus.

Agora vamos revelar como de fato Jesus Cristo existiu (e ainda existe), desmentindo a afirmativa do materialista Hildeberto Aquino.

Prova histórica número 1.

A bela *Bíblia* sagrada. Ela não é apenas um livro religioso, é também um magnífico livro histórico. Tudo que apresenta sobre Jesus Cristo, a Palestina, o Egito, a Assíria, o Império Romano, as regiões do Oriente, os seus reis, os seus profetas, os Apóstolos, tudo tem o cunho da verdade.

Prova histórica número 2.

O texto do historiador judeu Flávio Josefo, da época de Cristo. Ele evocou a incomparável figura deste no capítulo terceiro do volume XVIII da obra *Antiguidades judaicas*. Reproduzo aqui o seu texto:

"Entretanto existia, naquele tempo, um certo Jesus, homem sábio... Era fazedor de milagres... ensinava de tal maneira que os homens o escutavam com prazer... Era o Cristo, e quando Pilatos o condenou a ser crucificado, esses que o amavam não o abandonaram e ele lhes apareceu no terceiro dia..."

Como estamos vendo, o historiador Flávio Josefo menciona, inclusive, a ressurreição do Verbo Divino!

Prova histórica número 3.

O texto de Públio Cornélio Tácito, um dos maiores historiadores da Antiguidade (56-57 AC), na parte XV dos seus *Anais*:

"Nero infligiu as torturas mais refinadas a esses homens que sob o nome comum de cristãos, eram já marcados pela mais merecida das infâmias. O nome deles se originava de Cristo, que sob o reinado de Tibério, havia sofrido a pena de morte por um decreto do procurador Pôncio Pilatos".

Comentário do grande historiador inglês Edward Gibbon (1737-1794) sobre esta evocação do autor de *Dialogus de oratoribus*:

"A crítica mais cética deve respeitar a verdade desse fato extraordinário e a integridade desse tão famoso texto de Tácito."

Prova histórica número 4.

A carta do procônsul Plínio, o Jovem (62-114, após JC), enviada ao imperador Trajano. Eis dois trechos da carta:

"...maldizer Cristo, um verdadeiro cristão não o fará jamais... cantam (os cristãos) hinos a Cristo, como a um Deus..."

Prova histórica número 5.

Um trecho do capítulo XXV do quinto livro da obra *Vitae Duodecim Caesarum* (*Os doze césares*), escrita pelo historiador romano Suetônio (cerca de 70-130 d.C.). Nesse trecho do capítulo no qual evoca o imperador Tibério, ele assim menciona o Nazareno:

"Expulsou de Roma os judeus, que instigados por um tal Chrestus (Cristo), provocavam frequentes tumultos."

Estas cinco provas históricas, citadas por nós, destroem totalmente a infeliz declaração de Hildeberto Aquino, que garantiu que "não há uma só prova cabal, científica, irrefutável" da passagem de Jesus por este mundo.

Hildeberto, você tem autoridade para invalidar as informações da *Bíblia*, os textos dos historiadores Flávio Josefo, Suetônio e Cornélio Tácito, do procônsul Plínio, o Jovem? Você despreza a opinião do insigne historiador inglês Edward Gibbon sobre o escrito de Tácito, onde este se refere a Jesus Cristo?

O senhor Hildeberto Aquino, licenciado em Letras, não é desprovido de inteligência, pois sabe escrever de modo claro e correto, mas precipitou-se, como o Clodovil ao me entrevistar no seu programa da TV Gazeta. Conto como isto aconteceu, no ano de 1993, após a editora Mercuryo lançar o meu livro.

Pena de morte: sim ou não? Os crimes hediondos e a pena capital.

Antes de entrar no recinto do programa, atravessei um enorme salão que havia sido pintado de branco. Saía de suas paredes um fortíssimo cheiro acre de tinta. O cheiro invadiu aquele recinto, já repleto de pessoas, cerca de duzentas, a maioria moças e senhoras meio idosas. Ali o Clodovil estava em maior altura num estrado, junto de estreita e comprida mesa, onde colocou um vistoso aparelho de servir café. Ele mesmo o preparava e o servia a todos os entrevistados.

Como o cheiro da tinta se espalhara no recinto, o costureiro, antes do programa ir ao ar, não se conteve e se pôs a berrar:

— Canalhas! Canalhas! Lambedores de bundas! Isto é uma conspiração, um sujo plano dos meus inimigos para me deixar tonto, doente, intoxicado, e assim destruir o meu programa! Seus filhos nojentos de cadelas de rua!

As expressões pesadas se sucediam, jorravam da sua boca de lábios grossos. Tive a impressão de estar ouvindo a ruidosa descarga de uma latrina entupida de cagalhões. Rubro, apoplético, a espumejar, de olhos esbugalhados, que pareciam querer pular das órbitas, ele vociferou:

– Seus bostas, seus piolhos de cafetinas sifilíticas, eu já tenho convite da TV Globo, eu já tenho!

A fúria do Clodovil me chocou, pois a sala se achava cheia de mulheres jovens e senhoras de certa idade, mas para o meu imenso espanto, elas o aplaudiram, bateram palmas...

Sentei-me diante dele. O programa foi ao ar. Mais calmo, soltou estas palavras:

– Eu aposto, Fernando, que você não sabe quase nada a meu respeito.

Respondi, tranquilo:

– Clodovil, conheço bem a sua vida.

– Não acredito, então conte o que sabe de mim.

– Você, na infância, fazia roupas para bonecas. Aos dezesseis anos vendeu seis modelos de vestidos para o gerente de uma loja e conseguiu, graças à venda, mais dinheiro do que o seu pai ganhava em um mês de trabalho.

– Nossa, é verdade, mas aposto, você não conhece outras coisas da minha vida.

Clodovil

Duas câmeras de televisão avançaram e focalizaram o meu rosto. Afirmei:

– Conheço. Nas décadas de 1960 e de 1970, você brilhou muito, vestiu as mulheres mais elegantes de São Paulo. Tornou-se rival do Dener. O sucesso o levou a ganhar, em 1968, um programa na Rádio Panamericana, porém foi demitido, por criticar as roupas da dona Yolanda Costa e Silva, esposa do general Costa e Silva, presidente da República. Em seguida participa de um programa feminino na TV Globo. Também teve de sair, após brigar com a apresentadora Marilia Gabriela. Outro fato, você chegou a ser ator teatral na peça *Seda pura e alfinetadas*.

Surpreso, gesticulando, o Clodovil me interrompeu:

– Nossa, como você é perigoso! Continue, estou es-pan-ta-dí-ssi-mo!

– Expulso da TV Globo, você foi para a TV Manchete. E lá acabou sendo demitido duas vezes, a primeira em 1986, por chamar a Assembleia Constituinte de Assembleia Prostituinte.

– Ah, meu Deus Fernando, você conhece todos os podres da minha vida! Estou en-ver-gon-ha-dí-ssi-mo!

– Você quer que eu pare?

– Não, continue, quero sofrer.

– Vou parar.

– Não, não pare, eu exijo!

– Está bem. Você também foi demitido da CNT.

– E sabe por que, Fernando?

– Sei, é porque você perguntou à Adriane Galisteu, logo depois da morte do Ayrton Senna, se ele funcionava na cama, se não era broxa impotente. A pergunta gerou protestos, revolta, indignação. Viram na pergunta um desrespeito à memória do piloto recém-falecido.

– Ai, meu Deus, que língua a sua, Fernando!

– Me desculpe, Clodovil, mas sob este aspecto você não tem autoridade para me criticar.

– E, não tenho, mas admita, você é perigoso.

– Admito, porém acho você mais perigoso que a minha pessoa.

Nesse momento ele pegou o meu livro sobre a pena de morte e disse:

— Fernando, aposto que você não sabe que o Santo Agostinho apoiava a pena de morte.

— É claro que sei, Clodovil. Então você não leu o meu livro. Conto este fato no capítulo dois da minha obra. Adoro Santo Agostinho. Gosto até de citar uma frase dele em latim.

Ergui-me da cadeira e citei a frase:

— Apure os ouvidos. *Quid est autem diu vivere, nisi diu torqueri?* Dou a tradução. "Que outra coisa é uma larga vida, senão um largo tormento?"

Ligeiro, o Clodovil informou:

— Fernando, eu li esta frase na *Bíblia*, hoje de manhã.

— Desculpe-me, você não leu.

— Ai, Fernando, não me desminta, li hoje de manhã na *Bíblia*. Já li esta frase mais de cem vezes na *Bíblia*.

— Não leu.

— Ai, meu Deus, você está me chamando de mentiroso? Repito, eu li esta frase hoje de manhã na *Bíblia*.

— Garanto, não leu, não pode ter lido.

— Ai, Fernando, além de me chamar de mentiroso, você quer me humilhar? Por que está fazendo isto comigo, por quê? Fiz algum mal a você, fiz? Diga.

Expliquei, pacientemente:

— Clodovil, você não pode ter lido esta frase na *Bíblia*, pois Santo Agostinho nasceu no ano 354 da nossa era e esse livro sagrado é anterior a ele, surgiu séculos antes de sua vinda ao mundo. É uma questão de lógica. Portanto a frase do autor da famosa obra *De civitate Dei* (*A cidade de Deus*), não está na *Bíblia*, nunca esteve, o seu nome não aparece nela.

Batendo na testa, o Clodovil gemeu!

— Ai, que fora que eu dei nesse programa de televisão! Que vergonha, que vergonha! Sinto-me hu-mi-lha-do, ar-ra-sa-do!

Fiquei com pena dele, pois todas as pessoas na sala do programa começaram a rir, até os **cameramen**. E veio à minha memória esta frase de Tomás de Kempis (1380-1471), escritor ascético alemão, inserida no livro *A imitação de Cristo* (*De imitatione Christi*):

"Muitas vezes rimos, quando devemos chorar"

(Saepe vane ridemus, quando merito flere debemus).

Conclusão: o erro do senhor José e Hildeberto ao informar que Jesus Cristo nunca existiu, é da mesma natureza do erro do Clodovil, quando afirmou ter lido na *Bíblia* a frase do Santo Agostinho, apoiando a pena de morte, frase citada por mim. Entretanto, senhor Hildeberto, se ele, o Clodovil, cometeu esse erro, embora fosse inteligente, por que o senhor não pode errar? Acaba de chegar a minha boa memória a seguinte frase de Marco Túlio Cícero, o insigne orador romano (106-43 a C.), pronunciada nas *Filipicas*:

"De todos homens é o errar, mas só do idiota é perseverar no erro"
(Cuilisvis homívis est errare; nullius nisi insipientis; in errore perseverare).

Os ateus me provam a existência de deus

Sem serem hostilizados, os ateus se agitam cada vez mais. Parece que os irrita a indiferença dos teístas, em relação a eles. Fornecem a impressão de desejar a crítica feroz às suas descrenças. Inventaram, talvez com o objetivo de enfurecer os teístas, o Dia do Orgulho Ateu, e promoveram, no mês de fevereiro de 2012, o Primeiro Encontro Nacional de Ateus, em vinte e dois estados.

A ateia Stíphanie da Silva, estudante gaúcha, aluna do excelente Curso de Física da prestigiosa Universidade Federal do Rio Grande do Sul, declarou ao repórter Paulo Saldaña, do *Jornal da Tarde*:

"Queremos o fim do preconceito contra nós, que não acreditamos em religiões, fazer com que os ateus percebam que não estão sozinhos."

Stíphanie pertence à Sociedade Racionalista, organização defensora do ateísmo. Segundo esta jovem, o preconceito contra os ateus é muito forte. E dá como exemplo a indignação que ela causou quando disse, na qualidade de aluna de uma escola católica, que Deus é desnecessário. A moça ateia ficou revoltada. Vejam o absurdo, a falta de lógica: na escola católica onde estudava, Stíphanie extravasou o seu ateísmo, o seu desprezo por Deus. Revelou tanta insensatez, tanta loucura, como um fulano que numa sinagoga garante que o Talmude, livro sagrado dos judeus, é uma obra falsa, ou que numa mesquita condena o profeta Maomé e o *Alcorão*... O que ela queria? Ser aplaudida?

Aconselho Stíphanie a se dedicar mais ao estudo da Física na UFRGS, em vez de nos exibir um exemplo extremamente infeliz, como o que nos apresentou. Pobre moça, tão carente de lógica, tão fraquinha na arte de argumentar! Stíphanie, aprofunde-se também no estudo da dialética, aprofunde-se!

O comerciante Ulisses Fonseca, de Campinas, não crê em Deus, mas é sensato, pois afirmou:

"Quem é ateu não precisa ficar se confrontando, provocando."

Stíphanie talvez seja uma ardente admiradora do jornalista britânico Christopher Hitchens, autor do livro *Deus não é grande*, no qual emitiu este zurro:

"O conceito de Deus ou de uma força suprema é uma crença totalitária que destrói as liberdades individuais. Todas as crenças religiosas são infames e infantis".

Pessoas ateias, como Stíphanie da Silva e Christopher Hitchens, contribuem bastante para me provar a existência de Deus. E por quê? Simples. É porque essas pessoas não conseguem provar a sua inexistência! Limitam-se a divagar ou a expelir insultos, à maneira do desvairado Christopher. Sentem prazer em chocar, em escandalizar. Isto os compensa de suas frustações, dos seus recalques.

Eis a falha fundamental dos ateus: eles não possuem lógica. Miguel de Unamuno (1864-

1936), poeta, escritor e filósofo espanhol, acertou quando escreveu as seguintes palavras no capítulo VIII do livro *Del sentimiento trágico de la vida*, ensaio publicado em 1912:

> "Os que renegam a Deus é pela desesperação de não o encontrar".
> (*"Los que reniegam de Dios es por desesperación de no encontrarlo".*)

Não há efeito sem causa, não há peixe vivo sem água. Os ateus ficam cegos diante de tal evidência. Pergunto: eles existiriam, se os seus pais e as suas mães não os tivessem gerado? Haveria a vida, se um criador não a criasse? Vamos, ateus, tentem destruir este meu argumento!

Inspirado pelo meu Pai Celeste, compus esta modesta poesia:

> *Deus tem sido bom comigo,*
> *Deus é o meu maior amigo!*
> *Deus me quer bem,*
> *e eu quero bem a Deus…*

Ele me aperfeiçoa,
dando a minha dor,
e eu nunca estou sozinho,
porque tenho o seu carinho
Deus, amado Deus,
meu Pai, meu criador,
que abre a sua etérea porta,
para me acolher,
para me compreender,
para me amar,
para me ofertar o que conforta!

Sinônimo de Deus: Amor. Deus é amor, conforme se expressou Dante Alighieri na *Divina Comédia*, no último verso do canto XXXIII do "Paraíso":

"O amor que move o Sol e as outras estrelas".
(*"L'amor che move il sole e l'altre stelle"*)

Dedico esta minha poesia e este capítulo aos ateus que adoram a opera rock *Jesus Cristo superstar* e o livro *O Código Da Vinci*. Homenagem absolutamente sincera.

Reafirmo: é a tese deste livro

Cretinas, são ignóbeis as calúnias arremessadas em cima de Jesus e Maomé e revelam a putrefação moral dos fulanos que os agridem.

Amigo leitor, confesso, e pode me chamar de selvagem, de bárbaro, eu gostaria de jogar cuspidelas nas caras cínicas desses blasfemos, esclarecendo:

– Receba, patife, esta bem merecida condecoração.

Os ataques a Jesus e Maomé tornaram-se rotineiros e me impulsionam a dizer nos meus textos publicados numa rede de jornais:

– Nunca vi antes, como estou vendo agora, tanta burrice, tanta ignorância, tanta estupidez, reunidas num palco cheio de latrinas entupidas e fedorentas.

Sustento a tese desse livro, a caluniosa opera rock *Jesus Cristo superstar* contribuiu muito para aumentar o desrespeito à fé dos cristãos, a deturpação da vida de Jesus, o achincalhe à sua imagem sagrada. As blasfêmias lançadas contra Ele forneceram-me a impressão de serem vômitos expelidos por raivosos cães do Inferno.

Sob a influência dos insultadores de Cristo – eu acredito – outros passaram a zombar do profeta Maomé, do *Alcorão* e do Islamismo. Um contágio, à semelhança das pandemias transmitidas por vírus.

Mas continuemos a expor a estupidez, a crônica falta de inteligência dos insultadores de Cristo e Maomé.

A insensatez de Salman Rushdie e dos seus editores (para não dizer burrice) sempre me impressionou muito, pois o livro *Os versículos satânicos* (*The satanic verses*) desse escritor nascido na Índia, é pura estupidez, insulto pesado, autêntica blasfêmia contra o profeta Maomé e a fé dos muçulmanos.

Li a obra cretina. Maomé, no livro, registra novos versículos do *Alcorão*, transmitidos pelo diabo, que estava disfarçado de arcanjo

Gabriel. Noutro trecho, as prostitutas de um bordel são esposas do profeta.

Eu afirmo, isto é uma infâmia, uma baixeza tão grande como sustentar que Jesus Cristo cumpria as ordens do demônio e que a Virgem Maria era dona de um prostíbulo. Pergunto: se o mentecapto Salman Rushdie lançasse estas ignomínias, nós, os cristãos, deveríamos aplaudi-las?

A reação dos muçulmanos, portanto, não poderia ser outra. Salman Rushdie difamou Maomé e o *Alcorão*. E foram insanos os editores que publicaram a porcaria em vários países. Todos eles, sem exceções, correm risco de vida, o risco de cerrar os olhos de maneira trágica, como prova a *fatwa* (decreto religioso) do aiatolá Khomeini, sentenciando Rushdie à morte, no dia 14 de fevereiro de 1989:

"Declaro a todos os fiéis muçulmanos, no mundo, que o autor do livro intitulado *Versículos satânicos*, escrito, editado e distribuído contra o Islã, o Profeta e o *Alcorão*, todos os editores e os responsáveis pela sua divulgação, conhecedores do seu conteúdo, se acham, com o presente decreto, condenados à morte. Conclamo todos os zelosos muçulmanos, em qualquer parte do mundo, a executar esta sentença, a fim de ninguém mais ousar insultar as prescrições islâmicas… Se alguém morrer nesta ação será considerado mártir e seguirá diretamente para o Céu. Que Alá os abençoe."

A sentença do aiatolá Khomeini não demorou a surtir efeito. "Quem semeia ventos, colhe tempestades", reza o velho provérbio. Naquele ano de 1989, em Beirute, junto de um retrato gigante do aiatolá, uma menina de dez anos exibiu num cartaz, com palavras em inglês, o seu desejo de matar o blasfemo dos *Versículos satânicos*:

"*We are ready to kill Rushdie*"

Ettore Capriolo, o tradutor para o italiano do livro-excremento, foi esfaqueado em sua casa.

Hitoshi Igarashi, o tradutor da obra nauseabunda para o japonês, também foi esfaqueado, mas numa sala da universidade onde lecionava.

William Nygaard, o editor na Noruega da putrefação parida pelo cérebro talvez sifilítico de Salman Rushdie, recebeu seis tiros e apesar de ficar bastante ferido, conseguiu sobreviver.

Agora os editores do último livro de Rushdie, o indigesto *Joseph Anton*, correm o risco de serem assassinados. É uma conclusão lógica, o fruto de um raciocínio frio.

Não sou a favor de sentenças de morte, de medidas violentas, porém vejo o fato indiscutível, a realidade, e esta, conforme assegurou o escritor Gabriele D'Annunzio (1863-1938), "é uma escrava cuja obrigação consiste em obedecer" (*la realtá è una schiava che non deve se non obbediere*).

* * *

Rajadas de metralhadora Kalashnikov mataram Jean Cabut, Georges Wolinski, Bernard Verlhac e Stéphanie Carbonnier, cartunistas, na redação do *Charlie Hebdo*, um jornal pequeno e achincalhador de Maomé, de Jesus Cristo, do papa Francisco, da Santíssima Trindade. Sangueira na França, em Paris. Os árabes assassinos, com máscaras negras, saíram gritando após o ataque:

– Allah Akbar! (Alá é grande), vingamos o profeta Maomé!

Ao todo, em pouco mais de cinco minutos do ataque, perderam a vida 12 pessoas.

Antes desse morticínio do dia 7 de Janeiro de 2015, o *Charlie Hebdo*, em 2011, foi alvo de um atentado a bomba.

Qual é a causa de tamanha fúria? Por que os cartunistas tiveram, de modo violento, os fios de suas vidas rompidos?

Examino a capa da edição de 10 de Julho de 2013, número 1099, do *Charlie Hebdo*. Exibe um muçulmano a segurar o *Alcorão*, a *Bíblia* dos árabes, crivado de balas. O muçulmano afirma, também atingido pelos tiros:

– O *Alcorão* é uma m… Isto [o livro sagrado] não detém as balas (*Le Coran c'est de la merde. Ça n' arrête pas les balles*).

Veja, leitor, a estupidez do cartunista. É a mesma coisa que dizer para um cristão:

– A *Bíblia* é uma bosta.

Na edição de 19 de setembro de 2012, número 1052, aparece o profeta Maomé totalmente nu, exibindo uma bunda feminina enorme, que está sendo filmada. Palavras do profeta, no desenho:

— E minhas nádegas? Tu amas as minhas nádegas? (*Et mes fesses? Tu les aimes, mes fesses?*)

Que cretinice! Que ofensa à fé dos árabes! Nojenta imbecilidade!

Agora vejam a capa da edição de 1º de Outubro de 2014 do *Charlie Hebdo*, número 1163. O cartunista Charb (Stéphanie Carbonnier) mostra o profeta Maomé de joelhos, prestes a ser degolado por um terrorista encapuzado, todo vestido de preto. O terrorista declara, com o seu facão no pescoço de Maomé:

— Tua goela, infiel! (*Ta gueule, infidèle!*)

Maomé responde:

— Eu sou o profeta, idiota! (*Je suis le prophète, abruti!*)

Os achincalhes em cima do adorado Maomé prosseguiram. Num número especial do cretino *Charlie Hebdo*, ele aparece ocultando o rosto e dizendo:

— É duro ser amado pelos cons (*C'est dur d'etre aime par des cons!*)

Segundo o *Dictionnaire de L'argot moderne*, de Géo Sandry e Marcel Carrère (*Editions du Dauphin*, Paris, 1953), a palavra *con*, na gíria francesa, significa "homem pouco inteligente, imbecil" (*homme peu intelligent, imbécile*). Portanto, conforme o infecto *Charlie Hebdo*, todos os muçulmanos que veneram Maomé são completos mentecaptos!

Em outro número do jornaleco ignóbil, Maomé se apresenta nu, de quatro, com grande estrela em cima do ânus, do seu órgão sexual. Texto da porcaria: "Maomé: uma estrela é nascida!" (*Mahomet: une étoile est née!*)

De que forma o mundo islâmico deveria reagir, ao contemplar essas infâmias? Há cerca de 1,3 bilhão de muçulmanos no planta terra e milhões deles se acham dispostos a se imolarem em defesa de Maomé e do *Alcorão*. Daí concluímos: os cartunistas do *Charlie Hebdo* agiram como burros. Morreram por causa de suas burrices.

Também os cristãos, os que amam Jesus Cristo, foram ultrajados pelos débeis mentais do *Charlie Hebdo*. Exemplos não faltam. Na primeira página da edição de 7 de dezembro de 2011, número 1016, dessa pústula da imprensa francesa, Jesus convida, de braços abertos e rosto de maluco:

— À mesa! (*À table!*)

Eis como o *Charlie Hebdo* classificou a Santa Ceia: "o jantar dos imbecis" (*Le diner de cons*).

A Santíssima Trindade foi retratada em poses obscenas, pornográficas, pelo jornalzinho imundo. No desenho, Jesus faz sexo anal com Deus, e o Espírito Santo com Jesus (*Le perever pera, le fils, le saint esprit*).

Há uma charge do montículo de pus *Charlie Hebdo* na qual o papa Bento XVI, na consagração eucarística, carrega uma camisinha (preservativo) em vez de hóstia sagrada.

Na edição de 24 de Julho de 2013, número 1101, sob o título "O papa no Rio" (*Le pape à Rio*), o papa Francisco é puta carioca quase pelada, de sandálias altas, erguendo uma de suas pernas nuas e confessando:

– Disposto a tudo para aliciar clientes! (*Prêt à tout pour racoler des clients!*).

No avião que o conduziu as Filipinas, o chefe da Igreja Católica opinou:

– A liberdade de expressão não dá direito de insultar a fé do próximo. Se o meu bom amigo Alberto Gasparri xingar a minha mãe, pode esperar que levará um soco. É normal.

Você, nesse sentido, não pode ofender, desrespeitar, debochar.

Embora o papa tenha dito a verdade, o verborrágico Reinaldo Azevedo, no texto caótico publicado na *Folha de S. Paulo*, edição de 16 de Janeiro de 2015, agrediu o Sumo Pontífice, assegurando que suas opiniões sobre o ataque aos cartunistas e a liberdade de julgar "são covardes, imprecisa e politiqueiras". Crítica ilógica, desconexa. Reinaldo, coloque óculos no seu cérebro. O senhor está com miopia mental.

Rafinha Bastos apoiou os canalhas do *Charlie Hebdo*, porque "o humorista deve ser livre para arriscar, questionar e provocar". Mas Rafinha não é humorista, é apenas um grosseirão. Quando a cantora Wanessa Camargo estava grávida, ele disse que "comeria" essa artista e o seu filho. Se bestialidade é humor, eu não sabia...

Gerald Thomas, famoso por ter abaixado as calças e mostrado a sua bunda horrorosa no palco do Teatro Municipal do Rio de Janeiro, apoia Rafinha, prega a "irrestrita liberdade de expressão": Cada um pode dizer o que quiser, mentir, caluniar, chamar Nossa Senhora de prostituta etc. Ótimo, Gerald, ótimo, ponha em prática a sua opinião, insulte, só pelo prazer de insultar, um severo delegado de polícia ou um altivo general do exército. Depois levarei para você, lá na Penitenciária de Bangu 2, um sanduíche de mortadela…

Milhares de pessoas, em Paris, hipotecaram solidariedade ao repugnante jornal *Charlie Hebdo*. Usavam estes slogans: *Nous sommes tous Charlie* (Somos todos Charlie) e *Je suis Charlie* (Eu sou Charlie). Vendo pela televisão o movimento, a passeata, lembrei-me de novo desta frase de Voltaire: "a multidão, frequentes vezes, é uma besta com mais de mil cabeças".

Mais um ato da peça infame e contra a fé dos muçulmanos foi apresentada no teatro chamado Vida, em outubro de 2020. Certo professor (não quero citar o seu nome), sob o pretexto de enaltecer a liberdade de imprensa, exibiu, numa escola da capital francesa, as várias charges nas quais Maomé é agredido, insultado, ridicularizado. Charges da publicação *Charlie Hebdo*. Consequência, um muçulmano decapitou o tal professor...

Alguém poderá objetar:

– Que selvageria, que barbaridade.

Sim, foi uma selvageria, posso até dizer, um crime, porém vou argumentar. Suponhamos que um sujeito lúcido, considerado normal, pare na frente do amigo leitor, que está junto de várias pessoas, e lhe diga isto, tranquilamente:

– Você é autêntico filho de uma cafetina sifilitica, dona do bordel *La Vie en Rose*. Antes de parir você, ela abortou 10 vezes. O seu pai era o gigolô da sua mãe cafetina. Aliás, eu também tive relações sexuais com a mãe cafetina e desconfio que sou seu pai, devido ao fato de você ser muito semelhante a mim em tudo, na cara, no corpo, no jeito de andar e falar.

Os difamadores de Jesus e Maomé agiram como esse sujeito nascido de minha imaginação. Um pormenor: o sujeito mentiu, inventou tudo. Pergunto: de que maneira deveríamos agir, se alguém chegasse perto de nós para difamar pais, irmãos, pessoas queridas, a nossa crença, a nossa fé? Cumprimentar essa pessoa, abraçá-la, beijá-la?

Obrigado, jornal *O Estado de S. Paulo,* muito obrigado!

Sou grato ao jornal O *Estado de S. Paulo* por vários motivos. Muitos artigos meus foram publicados nesse jornal. Para dar uma resposta ao elogio do Golpe de 1964, feito de modo violento pelo brigadeiro Délio Jardim de Matos, ministro da Aeronáutica, o matutino dos Mesquitas publicou um longo artigo de minha autoria, ocupando quase uma página, na sua edição do dia 5 de Setembro de 1984. Esse artigo teve larga repercussão, até no exterior.

No mês de Maio de 1987, a direção do mesmo jornal me convidou para dar duas entrevistas ao "Caderno 2". Em ambas, de páginas inteiras, eu provei o seguinte: Hélio Silva, "o mais famoso historiador do Brasil", era um plagiário, um grande ladrão literário. As minhas duas entrevistas causaram enorme escândalo. Devido a tal fato, o doutor Júlio de Mesquita Neto me solicitou um texto sobre o assunto. Logo escrevi o artigo "O maior caso de plágio no Brasil", publicado na edição do dia 30 de Maio de 1987 de *O Estado de S. Paulo*.

Quando a Geração Editorial lançou a primeira edição do meu livro *Vida e obra do plagiário Paulo Francis*, o democrático jornal dos Mesquitas silenciou, não deu nenhuma nota, porém compreendi. Afinal de contas, o Francis tinha uma página inteira no *Estadão*, às quintas-feiras e aos domingos, e eu provei documentadamente que ele era racista, plagiário, ignorante, achincalhador das honras alheias, divulgador de notícias falsas, péssimo jornalista.

Pensei, após a saída do livro-bomba: nunca mais o *Estadão* registrará o lançamento de um livro de minha lavra, pois esse jornal não pode me ver com simpatia. Mas enganei-me. Quando a Geração Editorial publicou o meu livro *Vida, obra e época de Paulo Setúbal, um homem de alma ardente*, o jornal registrou com destaque o lançamento, na edição do dia 21 de Dezembro de 2003, e pouco tempo decorrido, na edição de 10 de Janeiro de 2004 do "Caderno 2", apresentou uma excelente reportagem da jornalista Maria Hirszman sobre o livro, assim intitulada: "Paulo Setúbal ganha sua mais completa biografia".

Na edição do dia 7 de Maio de 2020, o jornal O *Estado de S. Paulo* divulgou a minha entrevista concedida ao jornalista Gustavo Porto dada a ele, com o seguinte título:

"Estamos sob o reinado da estupidez"

Respondi às perguntas inteligentes do jornalista Gustavo Porto, dissertando a respeito das violências infligidas aos grandes órgãos da nossa imprensa.

Louvo o espírito democrático do periódico dos Mesquitas, porque antes de toda essa cobertura que tenho recebido dele, eu critiquei um texto do Fernando Bonassi, publicado no caderno 2 do *Estadão*. Nesse texto o meu xará ataca a *Bíblia*, chamando-a de "livro pretensioso", cujo Apocalipse, na sua opinião, é "mal escrito". Puxa, eu não sabia que o Bonassi é um mestre na arte de escrever, um crítico literário de alta qualidade, superior a Silvio Romero, José Veríssimo, Agrippino

Grieco, Araripe Júnior, um estilista milhões de vezes superior a Machado de Assis. Eu não sabia, juro, como sou ignorante!

Continuo a enaltecer o espírito democrático do *Estadão*, porque antes da cobertura que vem me dando, critiquei o seu colunista Sérgio Augusto, cujos textos se assemelham muito aos de Paulo Francis. Sua técnica jornalística é a mesma do Francis: um assunto puxa outro assunto, sem parar. O racista, o plagiário Paulo Francis, conforme provei no livro vitorioso, com milhares de exemplares vendidos, é o ídolo do Sérgio Augusto, o seu modelo.

Sérgio, no artigo "Sic transit gloria mundi", publicado na edição do dia 3 de Abril de 2005 do "Caderno 2", ofendeu os sentimentos dos seguidores de Jesus. Nesse artigo cheio de torpezas, de aleivosias, ele condena a Igreja Católica pelo fato de lançar pedras contra o livro *O Código Da Vinci*, do mau-caráter Dan Brown, obra onde este indivíduo de alma podre difama Jesus Cristo, dizendo que o Salvador forjou a sua própria crucificação, fugiu da Palestina, amigou-se com Maria Madalena e teve dois filhos!

Responda-me, Sérgio Augusto, você é nazista, admirador do Adolf Hitler? Você quer que a Igreja Católica silencie diante dessa canalhice?

Pois é, amigo leitor, apesar das minhas porradas no Bonassi e no Sérgio, o *Estadão* continuou a me prestigiar. Quanta nobreza, quanta superioridade de espírito!

Não resta dúvida, o *Estado de S. Paulo* é um jornal essencialmente democrático, incapaz de discriminar, de exibir qualquer tipo de preconceito.

Após redigir este capítulo, verifiquei que esqueci de citar outra reportagem do *Estadão* sobre um dos meus livros.

Trata-se da reportagem na qual é mostrado como pulverizo, esculhambo nesse livro a Academia Brasileira de Letras. O texto, da lavra do repórter Júlio Gama, com o título de "Livro acusa a ABL de inútil e anacrônica", foi publicado no Caderno 2 da edição do dia 16 de Outubro de 1999 de *O Estado de S. Paulo*.

Estes não viveram, amigo leitor

Descarreguei neste livro toda minha revolta, o meu inconformismo, diante da infâmia assacada contra o Verbo Divino na opera rock *Jesus Cristo superstar*, de Tim Rice e Andrew Lloyd Webber, e no livro *O Código Da Vinci*, do blasfemo americano Dan Brown. Indago:

– Fui violento demais, injusto, exagerado? Posso garantir, mostrei-me totalmente sincero?

Não sou um santo, uma alma pura, estou entupido de defeitos, já errei muito ao longo da minha vida, já cometi vários pecados, mas mesmo nas horas sombrias, amargas, tempestuosas, nunca deixei de crer em Jesus, o Libertador, o Piedoso, o Amoroso, o Caminho de Flores Odorantes e Luz Puríssima, o Pastor de Olhos Doces e Magoados à procura das Ovelhas Perdidas... Meus olhos se enchem de lágrimas, escrevendo isto.

No decorrer dos anos, amigo leitor, uma filosofia da vida cresceu dentro de mim, fruto da experiência e da dor, do prazer, das ilusões e desilusões. E também do meu amor a Jesus Cristo. Filosofia sobre a arte de viver, aí vai ela de maneira simples e espontânea.

Não viveram os que ficaram corroídos pela inveja do sucesso de alguém e se encheram de despeito.

Não viveram os que sempre entupiram os seus corações com o mais monstruoso dos ódios irracionais.

Não viveram os que nunca sentiram a presença silenciosa e emocionante da saudade.

Não viveram os que não se solidarizaram com os sofredores e os consolaram.

Não viveram os que procuram corromper a pureza, a inocência, as virtudes, esmagando beija-flores, lírios, camélias e rosas.

Não viveram os que não acariciaram uma criança, não a beijaram, não brincaram com ela, ou lhe negaram um sorriso, uma palavra de ternura.

Não viveram os que, em nome da verdade, destruíram estupidamente as ilusões das almas ingênuas e sonhadoras.

Não viveram os que aplaudiram com cinismo o erro, o vício, a injustiça, o roubo, o crime, a venalidade, a corrupção, a prostituição.

Não viveram os que não amaram a cultura, a música, a poesia, a obra de arte, a beleza.

Não viveram os incapazes de ter pena de um infeliz, de um desgraçado, e que transformaram os seus corações em barras de gelo.

Não viveram os egocêntricos, que se preocuparam apenas com o seu bem-estar e fizeram de suas vidas uma autoidolatria, sem ligar para mais ninguém.

Não viveram os jovens que zombaram dos velhos, e os desrespeitaram com a impaciência, a injúria, os cretinos atos de grosseria.

Não viveram os mesquinhos, que se mostraram pequeninos no modo de agir em relação aos nossos semelhantes e jamais tiveram um gesto de nobreza, de altruísmo, de desprendimento.

Não viveram os que só queriam "relaxar e gozar" e que acharam que o principal é encher o estômago, dormir bem, defecar bem e ter voraz e insaciável apetite sexual.

Não viveram os que só se preocuparam com os bens materiais, em detrimento dos bens espirituais, e que converteram os seus corações em metálicas caixas registradoras, cujo som é assim: **dinheiro, dinheiro, dinheiro, dinheiro, dinheiro, dinheiro, dinheiro, dinheiro, dinheiro.**

Não viveram os que, praticando uma ação vil, traíram a confiança de quem neles acreditava e assim emporcalharam as suas almas, cobrindo-as com fedorentos mantos de excremento.

Não viveram os falsos, os hipócritas, que Cristo comparou a "sepulcros brancos, caiados por fora, mas cheios de ossos de mortos e de podridão por dentro".

Não viveram os que foram racistas, preconceituosos, e que por orgulho tolo, por se sentirem superiores, humilharam e maltrataram pessoas.

Não viveram os que não sentiram a dor indescritível de perder, levada pela morte, uma pessoa querida, pois como disse o poeta

Francisco Otaviano, em versos nos quais a verdade resplandece:

*"Quem passou pela vida em branca nuvem
e em plácido repouso adormeceu;
quem não sentiu o frio na desgraça,
quem passou pelo mundo e não sofreu,
foi espectro de homem, não foi homem,
só passou pela vida e não viveu!"*

Meus amigos, viver é emocionar-se, no bom sentido, é sentir que temos alma, amor, sonhos, esperanças, coração, lágrimas, bondade, piedade, saudade. Quem não possui tudo isto não está vivo, é como um campo desprovido de flores, árvores, pássaros, sombras aconchegantes, só habitado por vermes, ossadas, escorpiões, mortíferas cobras geradas na região do horror e do espanto.

Palavras finais, para bem informar o leitor

Este livro é complementado por outro livro do escritor Fernando Jorge, já pronto, onde ele apresenta, com documentação sólida, indestrutível, as grandes mentiras sobre Jesus Cristo, lançadas por um famoso escritor da atualidade, muito rico e de forma internacional.

A obra, já traduzida para o inglês, será lançada nos Estados Unidos, por intermédio da agente literária Ana Trivellato.

Fernando Jorge sendo entrevistado pela segunda vez por Jô Soares, no programa deste na TV Globo

Índice Onomástico

A

Alighieri, Dante, 135
Althaus, Marcella, 107, 109, 110
Amaury Jr., 90
Anton, Joseph, 141
Aquino, Hildeberto, 117, 118, 121
Arimatéia, José de, 105
Arrabal, José 17
Assis, Machado de, 152
Assunção, Moacir, 89
Augusto, Sérgio, 152, 153
Aulete, Caldas, 72
Azevedo, Reinaldo, 146

B

Baigent, Michael, 103
Bandeira, Manuel, 85, 86
Barroso, Almirante, 61
Bastos, Rafinha, 146
Becker, Cacilda, 58
Bento XVI (Papa) 145
Bloch, Adolpho, 22, 24, 27, 30, 60
Blota Júnior 75
Bonassi, Fernando, 151
Branco, Camilo Castelo, 46
Brown, Dan, 3, 90, 94, 103, 105, 106, 111, 112, 115, 116, 117, 152, 155

Brum, Eliane, 107, 109

C
Cabut, Jean, 141
Camargo, Wanessa, 146
Campos, Cidinha, 79, 80, 81, 84, 86, 87
Capriolo, Ettore, 140
Carbonnier, Stéphanie, 141, 143
Carrère, Marcel, 143
Carrero, Tônia, 58
Carta, Mino, 89
Carvalho, Olavo de, 53
Cavalcanti, Flávio, 9, 10, 12, 15, 16, 18, 19, 20, 23, 24, 26, 27, 28, 29, 33, 43, 48, 59, 65, 76, 90
Charb (cartunista), 143
Cícero, Marco Túlio, 15, 41, 129
Clodovil 121, 122, 123, 124, 125, 126, 127, 128, 129

Clouset, Romualdo, 59, 61
Coelho, Marcelo, 101
Coelho, Paulo, 1, 3
Colton, Charles Caleb, 115
Comte, Augusto, 32
Constantino I, 106
Cony, Carlos Heitor, 39, 40, 41, 42
Cristo, Jesus, 3, 7, 9, 10, 12, 13, 15, 18, 22, 23, 25, 27, 29, 32, 33, 34, 36, 38, 39, 40, 42, 44, 46, 47, 48, 49, 53, 58, 59, 60, 64, 65, 66, 76, 79, 80, 89, 90, 91, 92, 93, 103, 105, 106, 109, 110, 111, 112, 113, 114, 115, 116, 117, 118, 119, 121, 129, 135, 137, 138, 139, 141, 144, 145, 148, 152, 155, 156, 161

Cruz, Fray Pandoja de La, 52

D

Dawkins, Richard, 118
Dener 125
Dennet, Daniel, 118
Dias, Gonçalves, 45
Dietrich, Marlene, 108
Dines, Alberto, 56
Disney, Walt, 51, 63
D'Annunzio, Gabriele, 141

E

Escobar, Ruth, 58

F

Fernandes, Hélio, 89
Ferraz, Ester de Figueiredo, 61, 62, 66, 74
Ferreira Neto, 45, 47, 50, 59, 60, 61, 63, 64, 65, 66, 67, 68, 69, 71, 76, 80
Fleury, Gumercindo, 76, 77
Fonseca, Ulisses, 133
Francis, Paulo, 52, 53, 54, 55, 56, 57, 58, 101, 150, 152
Francisco (Papa) 141, 145
Freire, Laudelino, 72

G

Gabriela, Marilia, 125
Galisteu, Adriane, 126
Gama, Júlio, 153
Gama, Maurício Loureiro, 59, 61
Gasparri, Alberto, 145
Gibbon, Edward, 120, 121
Goya, 52
Grieco, Agrippino, 151

H

Halfon, Eli, 80
Hirszman, Maria, 151

Hitchcock, Alfred, 70
Hitchens, Christopher, 133
Hitler, Adolf, 83, 153
Holanda, Aurélio Buarque de, 50, 72

I

Imperial, Carlos, 34, 36, 37, 38, 39, 40, 41, 42, 43, 44, 50, 80

J

Jaguar, 80
Jorge, Salomão, 54
José, 17, 61, 89, 105, 108, 129, 151
Josefo, Flávio 119, 121
Júnior, Araripe, 152

K

Kempis, Tomás de, 128
Khomeini, 139, 140
Khomeini, 139, 140

L

Lara, Pedro de, 82, 83, 84
Leão, Sinval de Itacarambi, 90
Leigh, Richard, 103, 111
Lincoln, Henry, 103, 111
Lobato, Monteiro, 46
Lula, 99

M

Madalena, Maria, 13, 23, 29, 39, 40, 42, 48, 60, 61, 65, 90, 91, 103, 105, 106, 111, 112, 152
Magalhães, Gilberto Valençuela, 66, 74
Maluf, Paulo Salim, 32
Maomé, 94, 132, 137, 138, 139, 141, 142, 143, 144, 147, 148
Mattos, Delio Jardins de (brigadeiro), 149

Mauro, Fernando, 95, 96, 98
Médici, Emílio Garrastazu, 15
Mendonça, Marcos Caldeira, 89
Mesquita Neto, Júlio de, 150
Miranda, José Tavares de, 61

N

Napoleão, 51
Nery, Sebastião, 89
Netto, Alírio, 91

O

Otaviano, Francisco 159

P

Pantoja, Albertina, 52
Pedro II, 36
Penteado, Léa, 13, 14, 15, 16, 18, 33, 34, 35, 42
Pilatos, Pôncio, 120
Plínio (o Jovem), 120, 121
Porto, Gustavo, 151

Q

Quental, Antero de, 84, 86

R

Raigent, Michael, 111
Rangel, Godofredo, 46
Ribeiro João, 72
Rice, Tim, 10, 11, 13, 29, 40, 49, 64, 76, 90, 155
Rikli, Igor, 91
Rodrigues, Nelson, 47, 49
Romero, Silvio, 151
Rousseff, Dilma, 99
Rushdie, Salman, 94, 138, 139, 141

S

Saldaña, Paulo, 131
Sandry, Géo, 143
Santo Agostinho, 127, 128, 129
Santo Inácio de Loyola, 51
São João, 40, 42
São Lucas, 42
São Mateus, 40, 114
São Paulo, 9, 18, 19, 20, 21, 26, 30, 31, 40, 42, 44, 45, 47, 50, 55, 59, 60, 80, 86, 93, 95, 96, 97, 98, 99, 101, 125, 146, 153
Sarney, Fernando, 89
Sarney, José, 89
Schvartzman, Salomão, 30, 60
Senna, Ayrton, 126
Setúbal, Paulo, 150, 151
Silva, Antônio Morais, 72
Silva, Arthur da Costa e, 125
Silva, Hélio, 149
Silva, Stíphanie da, 131, 133
Silva, Yolanda Costa e, 125
Silveira, Ênio, 47, 48, 54
Sinatra, Frank, 39
Sternberg, Josef von, 109
Suetônio, 120, 121
Suplicy, Marta, 58, 92, 94, 95, 96, 97, 98, 99, 100, 102

T

Tácito, Cornélio, 119, 121
Tácito, Públio Cornélio, 119
Takla, Jorge 90
Thomas, Gerald, 146
Tibério, 120, 121

Torquemada, 51
Trajano (imperador), 120
Trivellato, Ana, 161

U

Unamuno, Miguel de, 133

V

Vargas, Getúlio, 16
Verlhac, Bernard, 141
Viana, Irene Solano, 56
Vieira, Antonio (Pe), 41
Voltaire, 147

W

Webber, Andrew Lloyd, 10, 11, 13, 29, 40, 49, 64, 76, 90, 155
Weltman, Moisés, 79, 86
Werneck, Dorotéa, 58
Wolinski, Georges, 141